よくある疑問を徹底解説

Q&A
海外進出・海外子会社・越境取引の税務

徳山 義晃　森村 元[著]
森村国際会計グループ代表

税務経理協会

本書が読者の皆様の海外ビジネスのお役に立つよう願っております。

2019年2月
森村国際会計グループ
代表　税理士・行政書士　**森村　元**

はじめに

　経済のグローバル化に伴い，現在では中小企業でも海外進出が一般的なことになりました。また，一方，外国企業の対日進出も非常に活発になっています。そのため，かつての日本の国内地方出張のごとく，アジアの国々へ毎月のように出張する方も珍しくありません。ビジネスの世界ではとくに若い世代が国籍を問わず，日本語，英語，中国語等をミックスして国をまたいで交流を深めていっているのを肌で感じます。

　そうしたなか，法人の国際税務は中小企業が国際的なビジネスをやるうえでの大きな関門の一つとなっており，苦労をされている企業も少なくないのが実情です。しかし，国際税務の理解と活用は，円滑な国際ビジネスには避けては通れないものであり，そこをクリアした企業が次のステージへ進んでいるように見受けられます。そこで，本書は前著『Q＆A　海外出張・出向・外国人の税務』の続編として，主に法人関係の海外取引をテーマに執筆しました。

　本書でも，前著と同様，国際税務で豊富な経験を持つ徳山義晃税理士とともに，皆様からよくいただくご質問について，解説いたしました。なお，本書の執筆にあたり私が担当した台湾関連のＱ＆Ａについては，台湾の萬國法律事務所の陳文智律師に御指導，御意見をいただきました。ありがとうございます。また，前著同様，共同執筆をいただいた徳山義晃税理士及び毎回編集の労をとっていただいている税務経理協会の小林規明氏に心より感謝を申し上げます。

執筆にあたって

　インターネット及びスマートフォンの普及などによる越境ECビジネスが世界的に拡大しています。日本企業にあっても輸出拡大が続き，とくに日本製化粧品の輸出額は通年では6年連続で過去最高を更新し，約5,000億円まで拡大しているようです。著者のもとにも，ここ最近，越境ECビジネスを開始・拡大している国内の事業者若しくはECプラットホームを提供している海外の事業者からの相談が増えつつあります。これまで海外取引を担う人的資源も資本も不足していたために海外取引の機会が少なかった中堅・中小企業にとって，越境ECは世界を相手に取引機会を提供する重要な「場所」として，今後，ますます存在感を高めていくのではないでしょうか。

　このように，経済のデジタル化によって海外法人との取引・海外への顧客開拓は随分と身近なものになりつつある一方，製品・商品の商流及び物流，サービスの提供は日本及び複数の国にまたがる問題となるため，日本国内の法人税及び消費税のみならず外国の法人税及び租税条約の適用関係の整理など国際税務の課題の多さに悩まされる企業及びこうした企業を顧客に持つ専門家の方が多数に上るのも一つの事実といえます。

　本書はそうした悩みに翻弄される企業及びこうした企業を顧客に持つ専門家のための続編として，前著『Q＆A海外出張・出向・外国人の税務』でタッグを組んだ森村元税理士と再び「寄りかかれる書籍」を目指し，外国子会社を有する，外国法人と取引及び越境ECビジネスなどを行おうとする会社が整理しておくべき事例のポイントと解説を可能な限り取り上げました。

　執筆にあたって，移転価格税制については，文書化・価格算定方法の概要を東京事務所の門田英紀公認会計士・税理士，ベトナムの概要はベトナム事務所の前田章吾公認会計士，価格調整金と企業グループ内役務提供を関西事務所の

林尚樹公認会計士・税理士，外形標準対象法人の国外所得及び海外子会社に対する債権放棄の留意点については，関西事務所の長尾一平税理士に協力・担当してもらうことができ，本書に様々な事例を取り上げることができました。ありがとう。また，再び本書を共著した中国税務を得意とする森村元税理士，今回も出版にあたり大変お世話になった税務経理協会の小林規明氏に心より感謝申し上げます。

　本書が引き続き読者の皆様の「寄りかかれる場所」に少しでもなれましたら，本当に嬉しい限りです。

　なお，本書籍の内容は，著者の個人的な見解であり，税理士法人山田＆パートナーズの公式見解ではないことをお断り申し上げます。

2019年2月14日
税理士　**徳山義晃**

目次
CONTENTS

第1章 租税条約と源泉所得税

1 租税条約

- **Q1** 租税条約の概要 — 2
- **Q2** 租税条約の適用（届出書の作成及び提出）の留意点①
  （ロイヤリティーと源泉所得税の軽減・免除） — 6
- **Q3** 租税条約の適用（届出書の作成及び提出）の留意点②
  （ロイヤリティーと源泉所得税の軽減・免除） — 10
- **Q4** 租税条約の適用（届出書の作成及び提出）の留意点③
  （米国子会社から配当金を受領する場合） — 14
- **Q5** 租税条約の適用（届出書の作成及び提出）の留意点④
  （BEPS防止措置実施条約の導入） — 17
- **Q6** 台湾との租税協定 — 21
- **Q7** 中国・香港間の租税条約とその活用方法 — 23
- **Column01** 租税条約と国内法 — 25

2 源泉所得税

- **Q8** 中国子会社から配当を受ける場合の留意点（国外送金の手続） — 26
- **Column02** 役員を中国等に派遣した場合の課税 — 28
- **Q9** 配当・ロイヤリティーなどの送金時の源泉徴収 — 29

Column03　中国現地法人から日本親会社への送金と難易度 ── 31
Q10　日本から中国法人へのアウトソーシング費用の支払に係る源泉所得税 ── 34
Q11　日本からインド法人へのアウトソーシング費用の支払に係る源泉所得税 ── 37

第2章 法人税に係る取引

1　海外への進出形態と日本の法人税
Q12　中国大陸，台湾への進出形態と税務 ── 42

2　外国税額控除
Q13　外国税額控除制度適用上の留意点
　　　（外国税額控除制度適用時の国外所得の計算） ── 45
Q14　外国税額控除と外国税額の損金算入の選択適用の留意点 ── 51
Q15　外国税額控除の適用時期の留意点 ── 54
Q16　事業税の課税標準計算時の国外所得の考え方
　　　（法人税と事業税の国外所得の範囲の違いと留意点） ── 58
Q17　事業税の課税標準の計算方法 ── 62
Q18　海外子会社株式の企業グループ内の譲渡と外国税額控除 ── 66
Q19　ベトナム契約者税と外国税額控除の適用 ── 69
Q20　中国駐在員事務所で課された企業所得税の日本での外国税額控除の可否 ── 73

3　恒久的施設（PE）
Q21　事業所得と恒久的施設（PE）認定の考え方 ── 76
Column04　納税から考える企業統治指針（企業が取るべき行動指針）と「三方良し」の思想 ── 80
Q22　中国でのPE認定課税 ── 82
Q23　中国駐在員事務所代表の個人所得税に関する留意点 ── 85

4　外国子会社合算税制（タックスヘイブン対策税制）

Q24 外国子会社合算税制の留意点①
会社単位の合算課税と一定所得の部分合算課税制度の適用関係 ── 87

Q25 外国子会社合算税制の留意点②
部分合算課税の適用を受ける所得の区分と所得の計算 ── 91

Q26 外国子会社合算税制の留意点③
実体基準及び管理支配基準とこれを充足することを証する書類 ── 94

Q27 外国子会社合算税制の留意点④
ケーススタディー（租税負担割合の判定 1） ── 98

Q28 外国子会社合算税制の留意点⑤
ケーススタディー（租税負担割合の判定 2） ── 102

Q29 外国子会社合算税制の留意点⑥
ケーススタディー（租税負担割合の判定 3） ── 106

Column05 米国の法人税率の引下げとペーパーカンパニーの範囲の見直し ── 109

Q30 来料加工香港法人に対するタックスヘイブン課税とその対策 ── 111

5　クロスボーダー再編

Q31 中国での間接持分譲渡に対する課税 ── 114

Column06 持分譲渡と出資者情報（日本の登記簿謄本にはなぜ出資者がない？）── 116

Q32 中国の特殊税務処理と日本の税制適格組織再編 ── 118

Q33 出資者である外国企業の株式を日本企業が自己株式の取得により買取りを行う場合の課税関係 ── 120

Q34 持分譲渡に伴うクロスボーダーの資金移動 ── 122

6　移転価格税制・海外寄附金

Q35 はじめての移転価格文書化作成の留意点 ── 124

Q36 移転価格文書化の概要 ── 129

Q37 取引単位営業利益率法の概要 ── 132

Q38 残余利益分割法の概要 ── 134

Q39 ベトナムにおける移転価格文書の作成 ── 136

Q40	企業グループ内役務提供に対する対価	140
Q41	海外子会社に対する価格調整金を授受する際の留意点	144
Q42	中国子会社からのロイヤリティーの送金と技術先進企業認定	147
Q43	中国の移転価格文書	149
Column07	香港拠点の税務上のメリット（イメージと現実）	151

7 海外子会社の清算と株式評価損

Q44	外国子会社の再建と清算の留意点（外国株式評価損計上の留意点）	153
Q45	海外子会社の再建と清算の留意点(貸倒損失(債権放棄)と海外寄附金)	158
Q46	海外子会社の再建と清算の留意点 2 （海外子会社の清算に係る損失の計上のタイミング）	163
Q47	海外子会社に対する債権放棄を行う場合の留意点	166
Q48	中国子会社の清算	171

第3章
消費税に係る取引

1 国際デジタル課税

Q49	国境を越えたeコマース取引と消費税①	176
Q50	国境を越えたeコマース取引と消費税②	181
Q51	国境を越えたeコマース取引と消費税③	184
Q52	国境を越えたeコマース取引と消費税④	186
Column08	越境ECビジネスの普及と消費課税の重要性の高まり	188

2 輸出免税

| Q53 | 消費税の輸出免税（非居住者に対する役務の提供） | 190 |
| Q54 | 消費税の輸出免税の要件（通関書類など） | 192 |

3 外国の付加価値税と本邦の消費税

| Q55 | 中国増値税との二重課税の可能性 | 194 |

Column09　外国人の方がなじみやすい？
　　　　　（消費税法における領収書保存要件）———— 195

第4章
その他の国際取引

1　国際契約書の印紙税
Q56　国際契約に係る印紙税 ———————————— 198
2　日本の外国企業
Q57　日本企業が非居住者から不動産を賃借した場合の源泉徴収 ———— 200
Column10　大家さんが非居住者の場合の源泉徴収
　　　　　（税金のとりっぱぐれを防ぐ優れたシステム）———— 201
Column11　非居住者からの日本の税金徴収 ———————— 202
Q58　日本企業が非居住者から不動産を取得した場合の源泉徴収 ———— 204

【凡例】

通法 …………… 国税通則法
法法 …………… 法人税法
法令 …………… 法人税法施行令
措法 …………… 租税特別措置法
地法 …………… 地方税法
地令 …………… 地方税法施行令

法基通 ………… 法人税基本通達
消基通 ………… 消費税法基本通達

総務省通知 …… 事業税における国外所得等の取扱いについて

第1章
租税条約と源泉所得税

1 租税条約

Q1 租税条約の概要

CHAPTER 1

海外との取引について国際的二重課税が発生する場合，租税による海外との取引を阻害しないために二国間で「租税条約」が締結されている，と聞きましたが租税条約の概要について教えてください。

結論

　国際課税における一般的な考え方は，①居住者に対しては居住地管轄に基づき全世界所得に課税し，非居住者に対しては所得の源泉地管轄に基づき国内源泉所得に課税します。国境をまたぐ国際間の取引について，所得源泉地国を厳格に運用し，各国の国内税法に基づき課税をしようとすると，居住地国課税と所得源泉地国課税の二重課税，二重居住者の場合の各々の居住地国の二重課税及び二重所得源泉地国による二重課税などが生じる場合があります。そこで，二国間のルール（租税条約）による課税権の配分を行うことによって，国際的な二重課税を防止・排除しようとする租税に関する合意が租税条約といえます。二国間の条約の中で対象税目，租税条約の適用を受ける者・居住者の定義，各種所得の定義と所得源泉地の置き換え及び軽減税率・免税となる所得などに関する合意がなされています。

ポイント

① 租税条約とは二重課税の排除等を目的として，二国間で締結される租税に係る条約をいいます。
② 租税条約の対象税目をはじめ軽減税率・免税となる所得などの取扱いは，各租税条約ごとに異なり，利子，配当及び使用料などの投資所得に関して

は，条約の特典を享受できるものとして居住者のなかでも一定の要件を満たす適格居住者等に限定している特典制限条項を設けている条約があります。

解説

1 国際的二重課税と租税条約

2019年1月現在，日本の締結した二国間租税条約で，二重課税の回避と脱税の防止を主な目的とするものは61本，71カ国に適用されています。このなかで①対象税目，②条約の適用を受ける者・居住者の定義，③各種所得の定義と所得源泉地の置き換え，④軽減税率・免除などの規定が定められ，居住地国課税と所得源泉地国課税の二重課税，二重居住者の場合の各々の居住地国の二重課税及び二重所得源泉地国による二重課税を排除する配分が取り決められています。日本における国際課税は，居住地国で全世界所得に対して課税がなされる全世界所得課税（外国子会社からの配当金を除く）が採用され，所得源泉地国で発生した課税を排除するために外国税額控除制度が採用されているため，日本の居住者（法人）は，租税条約の適用に際して各種所得の定義（国外所得の内容）とその所得に関する軽減税率・免税（外国税額控除の対象となる外国法人税）の確認をしておくことが重要となります。

2 租税条約の対象税目と適用対象関係の整理

租税条約を実務で使用するに際して，次の3つの項目を確認することが重要となってきます。

(1) 対象税目の確認

租税条約第2条では条約の対象となる税目が規定されています。日本が締結している大部分の条約では所得税と法人税が対象税目となりますが，アイルランド，イギリス，ドイツ及び中国などの条約では住民税も対象に含まれています。一時的に日本に滞在する外国人等の課税関係では所得税のみならず，住民

税の納税義務を検討するうえで，対象税目に住民税が含まれているか否かが重要なポイントとなります。

(2) 適用対象となる居住者となる者と特典制限条項の確認

　日本が締結する一般的な租税条約では，第1条に「その適用対象を一方又は双方の居住者である者にのみ適用する」と規定しています。

　したがって，各租税条約の規定のなかの「居住者」の規定及び「者」の定義を確認することが重要となってきます。例えば，日米租税条約第3条では「者には個人，法人及び法人以外の団体を含み，法人とは法人格を有する団体又は租税に関し法人格を有する団体として取り扱われる団体をいう」と規定し，第4条では「一方の締約国の居住者とは，当該一方の締約国の法令の下において，住所，居所，市民権，本店又は主たる事務所の所在地，法人の設立場所その他これらに類する基準により当該一方の締約国において課税を受けるべきものとされる者」と規定しています。また，利子，配当及び使用料などの投資所得の取扱いについては，所得の受領者が受益者（beneficial owner）であることを要求しています。すなわち，これらの所得の受領者が居住者である者であっても，単なる名義人等である場合は条約の特典を認めていません。

　さらに，日米租税条約第22条において居住者のなかでも一定の要件を満たす適格居住者に限り条約の特典を認める特典制限条項が設けられています。

　したがって，各々の二国間の条約でこうした特典制限条項が設けられているか否かを確認し，条項が設けられている場合は適格居住者判定の基準に照らし合わせる必要が生じます。

(3) 租税条約と国内源泉所得の範囲

　国内法では，非居住者・外国法人に対して課税の対象となる所得は国内源泉所得となりますが，その国内源泉所得につき，国内法と租税条約の内容が異なる場合は租税条約の内容が優先されます。

　例えば，国内法では，非居住者・外国法人が日本国内に恒久的施設を有していない場合の技術的役務の提供は，日本国内において役務の提供を行うときに国内源泉所得に該当することになりますが（所法161六，法法138四），日本・

インド租税条約の第12条で技術上の役務に対する料金について，これらが生じた相手国においても相手国の法令に従って租税を課することを認めています。すなわち，国内法の国内源泉所得の範囲が租税条約によって置き換わるケースに留意する必要があります。

1 租税条約

Q2 租税条約の適用（届出書の作成及び提出）の留意点
① （ロイヤリティーと源泉所得税の軽減・免除）

CHAPTER 1

　当社はこのたび当社の製品をネットにつなげる環境を構築するIoT技術に係るロイヤリティーを米国法人A社へ支払うこととなりました。当社とA社が締結した契約書には当該ロイヤリティー支払に関わる税金は当社が負担することとなっています。日米間の租税条約第12条使用料（ロイヤリティー）によれば日本では課税が免除されるようです。租税条約の恩恵を受けるために当社はA社に租税条約の適用に係る届出書を提出と併せて，具体的にどのような資料を依頼する必要があるでしょうか？　なお，米国法人A社の概要は次のとおりです。
　① A社は米国でLLCといわれる事業体で，その持分の全てを米国LLCであるB社が有し，B社の持分の全てを米国上場会社のC社が有しています。
　② C社は，A社及びB社ともにパススルー課税を選択するとともに，米国で連結納税制度を採用しています。
　③ A社，B社及びC社はいずれも日本国内に恒久的施設を有していません。

結論

　日米租税条約第12条使用料の規定で，①一方の締約国内において生じ，②他方の締約国の居住者が受益者である使用料に対しては，③他方の受益者が一方の締約国内にその使用料に関連する恒久的施設を有しないときは，一方の締約国において課税しないと規定しています。A社，B社及びC社はいずれも日本国内に恒久的施設を有しない，とのことですので日本において課税を受けることはありません。
　ただし，A社に他方の締約国の居住者が受益者であることを証する書類を準

備してもらう必要があります。具体的には，日米租税条約第22条特典の制限の規定に基づき，A社，B社及びC社が同条に規定するいずれの法人に該当するのかを証する書類などを準備してもらい，租税条約に関する届出書（様式3）に各社の米国の居住者証明書を添付し，これらの届出書を当社の所轄税務署へ提出する必要があります。

ポイント

① 日米租税条約第12条により米国法人へ支払う使用料は免税になります。
② 上記①の特典は，日米租税条約第22条に基づく米国の居住者で，使用料について米国で課税を受けるべき受益者に限られます。
③ 上記②を証する書類を米国法人から受領・提示を受ける必要があります。

解 説

1 日米租税条約第12条（使用料）

2019年1月現在，日本の締結した二国間租税条約で，二重課税の回避と脱税の防止を主な目的とするものは61本，71カ国に適用されています。このなかで使用料の規定において所得源泉地（使用料の所得源泉地は使用料を支払う者の国・地域）の課税については，相手国の居住者であると同時に受益者（beneficial owner）であることが要件とされています。租税条約第4条（居住者）では，一方の締約国の居住者とは，当該一方の締約国の法令の下において，住所，本店所在地などの基準により当該一方の国において課税を受けるべき者，と規定し，租税条約の濫用を防止するため使用料のほか第10条（配当）及び第11条（利子）の規定についても居住者であると同時に受益者であることが要件とされています。これら投資所得の受領者が単なる名義人，形式的な所得の受領者である場合にしばりを置き，租税条約の適用を制限しているといえます。

2 日米租税条約第4条(居住者)

　ところで,第4条(居住者)6項において,この条約の適用上,一方の締約国において取得される所得であって,他方の締約国において組織された団体を通じて取得され,かつ,当該他方の締約国の租税に関する法令に基づき当該団体の受益者等の所得として取り扱われるもの,に対しては当該他方の締約国の居住者である当該受益者等の所得として取り扱われる部分についてのみ,この条約の特典が与えられる,と規定しています。これは租税条約の当事国である両国間で課税上の取扱いが異なる事業体について,当該団体の居住地国の課税の取扱いによって条約の適用を決定することを明確にした規定といえます。

　今回のケースでは使用料の受領者は米国のLLCですが,日本ではなく米国の課税の取扱いに従い,パススルー課税及び連結納税制度を選択している米国上場会社であるC社が課税を受けるべき者として米国の居住者及び受益者に該当することになります。

3 日米租税条約第22条(特典の制限)

　利子,配当及び使用料などの投資所得について,日米租税条約では大幅な軽減・免除規定が設けられているのに併せて,租税条約を濫用することを防止するため条約の特典を居住者のなかでも一定の要件を満たす適格居住者等に制限する第22条(特典の制限)の規定が設けられています。具体的には,適格居住者として,個人,政府機関,法人については現地の証券市場に上場している又は当該上場している法人に株式の議決権等の50％以上が保有されている,若しくは適格居住者である個人に議決権等の50％以上を保有されている法人等に制限されています。

4 本ケースへの当てはめ

　今回のケースでは,使用料の受領者は米国のLLCですが日本ではなく米国の課税の取扱いに従い,パススルー課税及び連結納税制度を選択している米国上場会社であるC社が課税を受けるべき者として米国の居住者及び受益者に該

当することになります。当社はA社を当事者とする租税条約に関する届出書（様式3）及びB社及びC社の情報を記載している特典条項に関する付表（様式17-米）に併せて各社の米国居住者証明書をA社から受領し，これを当社の所轄税務署へ提出します。

1 租税条約

Q3 租税条約の適用（届出書の作成及び提出）の留意点 ②（ロイヤリティーと源泉所得税の軽減・免除）

CHAPTER 1

　当社は携帯電話用ゲームアプリケーションの開発を行っている会社です。
　このたび当社が開発したアプリを米国の法人へ使用許諾させる契約を締結しました。米国の法人からW8-BEN-Eという届出書の提出を求められています。
　当該届出書の提出がないとアプリの使用許諾の対価の支払時に30％の米国源泉所得税が徴収されるようです。W8-BEN-Eの提出は本当に必要なのでしょうか？
　もし必要な場合，届出書の作成はどのように行うのでしょうか？
　なお，当社の株式は全て日本居住の個人に保有されています。

結論

　W8-BEN-Eを所得の支払者に提出しないと契約に基づく対価の支払時に30％の米国源泉所得税が徴収されます。W8-BEN-Eは米国における源泉所得税における受益者が米国非居住者であることを証する書面であり，米国が他の国々と締結している租税条約の恩恵（米国源泉税の軽減又は免除）の適用を受けることを請求するための書面でもあります。使用許諾の対価の支払は日米租税条約第12条（使用料）の適用を受ける場合，米国源泉所得税が免税となるので対価の支払が行われる前に米国の法人に当該届出書の提出をすることが必要となります。

ポイント

① 外国人が取得する利子，配当金，ロイヤリティー及び年金などの米国源泉所得に対しては30％の源泉所得税が課せられます。
② 所得の受益者が外国の事業体の場合，届出書のW8-BEN-Eを使用し，所得の支払者に対して当該届出書を提出すると，日米租税条約に基づく米国源泉税の軽減又は免除の特典を受けることができます。
③ 日米租税条約の適用を受ける日本の法人が，使用許諾の対価の支払者にW8-BEN-Eを提出すれば，その支払時に米国源泉税は課されません。

解 説

1 W8-BEN-E提出の目的

所得の受益者（米国非居住者）が租税条約に基づき米国源泉所得税の軽減又は免除の特典を受けるために，利子，配当金，ロイヤリティーなどの所得を取得する前に，所得の支払者（米国源泉所得税徴収義務者）へ必要事項を記入のうえ，提出します。W8-BEN-Eの提出がないと所得の支払者は米国国内法に従い，30％の源泉所得税を徴収します。

下記のウェブサイトからW8-BEN-Eのフォーム及びインストラクションをダウンロードすることができます。
https://www.irs.gov/pub/irs-pdf/fw8bene.pdf

2 W8-BEN-Eの有効期限

所在地の変更など届出書の提出時に記載した情報の変更があればその都度，変更がない場合には，原則として3年毎の更新が義務付けられています。

例えば，W8-BEN-Eの署名日が2018年10月1日の場合には2021年12

月31日まで有効となります。

3　US. employer identification number（EIN）の取得の必要性

　受領する米国源泉所得が米国の証券市場などを通じて取得する利子，配当金以外の場合，W8-BEN-E に米国納税者番号を記載する必要があります。

　米国納税者番号の取得は，米国内国歳入庁へ FORM SS-4 を申請・提出して行います。米国内国歳入庁への fax による申請でも取得することができます。

　本ケースではアプリの使用許諾の対価を米国法人から受領するロイヤリティー取引に該当するため，御社は EIN を取得し，W8-BEN-E に記載する必要があります。なお，既に御社が EIN を取得している場合は，その取得した EIN を記載します。

　下記のウェブサイトから SS-4 のフォーム及びインストラクションをダウンロードすることができます。

　https://www.irs.gov/pub/irs-pdf/fss4.pdf

4　W8-BEN-E の記載方法

　本ケースを当てはめると，次のとおり記載することとなります。

Part 1.
1．当社の法人の名称を記載します。
2．当社の法人の本店所在地国を記載します。
3．省略
4．Corporation をチェックします。
5．Active NFFE　Complete XXV をチェックします。
6．当社の住所を記載します。
7．省略
8．当社の EIN を記載します。保有していない場合は，新たに FORM SS-4 で米国内国歳入庁へ申請・取得します。
9．a　省略

9．b　当社の日本の法人番号を記載します。
10．省略
Part 3.
14．aをチェックし，Japan と記載します。
14．bをチェックし，Company that meets the ownership and base erosion test をチェックします。
Part. XXV.
39．をチェックします。
Part. XXX.
　Sign here の箇所に FORM の記載内容が事実と相違なく記載されていることを証するために署名します。
　Date の箇所に署名した日付を月−日− 西暦の順番で記載します。
　Print Name の箇所に署名した者の氏名をローマ字で記載します。

1 租税条約

Q4 租税条約の適用（届出書の作成及び提出）の留意点 ③（米国子会社から配当金を受領する場合）

CHAPTER 1

　当社は当社が製造する化成品を販売する拠点として，米国に販売子会社（100％子会社）を約5年前に設立しました。このたび，当該米国子会社は配当を行うことを決定しましたが，子会社から支払に先立ちフォームW8-BEN-Eの提出を求められています。

　W8-BEN-Eの提出がないと，配当金の支払時に30％の米国源泉所得税が徴収されるようです。また，当該届出書の作成に係る留意点を教えてください。

　なお，当社の株式は全て日本居住の個人に保有されています。

結論

　W8-BEN-Eを所得の支払者に提出しないと配当金の支払時に30％の米国源泉所得税が徴収されます。配当金が日米租税条約第10条（配当）の第3項の適用を受ける場合，米国源泉所得税が免税となるので対価の支払が行われる前に米国の子会社に当該届出書の提出をすることが必要となります。留意点として当社が米国納税者番号（EIN）を有していない場合，W8-BEN-Eに当該番号を記載する必要があるので，あらかじめ，当該番号の申請・取得をする必要もあります。

ポイント

① 配当金の受領前に米国子会社へW8-BEN-Eを提出しないと，30％の米国源泉所得税が徴収されます。

② 配当金が日米租税条約第10条（配当）の第3項の適用を受ける場合，米

国源泉所得税は免税となります。
③　当社が米国納税者番号（EIN）を有していない場合，あらかじめ，米国内国歳入庁へ申請・取得しておく必要があります。

解説

1　W8-BEN-E提出の目的

前記Q2の解説で述べたとおり，所得の受益者（米国非居住者）が米国源泉所得税の軽減又は免除の特典を受けるために，利子，配当金，ロイヤリティーなどの所得を取得する前に，所得の支払者（米国源泉所得税徴収義務者）へ必要事項を記入のうえ，提出します。W8-BEN-Eの提出がないと所得の支払者は米国国内法に従い，30％の源泉所得税を徴収します。したがって，当社は米国子会社へ配当金の支払前にW8-BEN-Eを提出する必要があります。

2　日米租税条約第10条（配当）の確認

日米租税条約第10条第2項では，他方の締約国の配当金の受益者が一方の締約国の配当を支払う法人の議決権の10％以上を直接又は間接に所有する法人である場合，一方の締約国で課される源泉所得税の額は5％に，その他の場合は10％に軽減されます。さらに第3項で，配当金の受益者が①他方の締約国の有価証券市場で上場している又はその上場会社の子会社，②その持分の50％以上の日本居住者である個人などに所有されている場合で，その配当金の支払に係る基準日とする過去12カ月の期間を通じて，配当を支払う法人の議決権のある株式の50％超を所有しているときは源泉所得税が免除されます。御社のケースに当てはめると，上記②の要件を満たすため，W8-BEN-Eを提出すれば，配当金の支払時に米国源泉所得税は徴収されません。

3　US. employer identification number（EIN）の取得の必要性

前記Q3の解説で述べたとおり，受領する米国源泉所得が米国の証券市場な

どを通じて取得する利子，配当金などに該当しない場合，W8-BEN-E に米国納税者番号を記載する必要があります。米国納税者番号の取得は，米国内国歳入庁へ FORM SS-4 を申請・提出して行います。SS-4 の記載方法は次のとおりです。

1．当社の法人の名称を記載します。
2．省略
3．省略
4．当社の住所を記載します。
5．省略
6．当社の法人の本店所在地国を記載します。
7．a　当社の代表取締役の氏名を記載します。
7．b　省略（代表取締役が米国納税者番号を有している場合は当該番号）
8．a　No にチェックします。
8．b 及び c　省略
9．a　Corporation にチェックします。
9．b　当社が所在する都道府県名と Japan と記載します。
10．Compliance with IRS withholding regulations をチェックします。
11-17．省略
18．これまでの EIN の取得の有無をチェックします。
　Signature の箇所に FORM の記載内容が事実と相違なく記載されていることを証するために署名します。
　Date の箇所に署名した日付を月-日- 西暦の順番で記載します。
　当社の電話番号と FAX 番号も記載します。

1 租税条約

Q5 租税条約の適用（届出書の作成及び提出）の留意点 ④（BEPS防止措置実施条約の導入）

CHAPTER 1

2019年1月1日以降，日本が締結している租税条約の適用関係が大きく変更されたと聞きました。どのように租税条約の適用関係が変更されたのでしょうか？

結論

租税条約の濫用等を通じた租税回避行為の防止，二重課税の排除等納税者にとっての不確実性排除を目的として，税源侵食及び利益移転を防止するための租税条約関連措置を実施するための多数国間条約（以下，「BEPS防止措置実施条約」）が整備されました。本条約は，多国籍企業の活動実態と各国の税制や国際課税ルールとの間のズレを利用することで，多国籍企業がその課税所得を人為的に操作し，課税逃れを行っている問題（BEPS）に対処するため，OECDにおいてBEPSプロジェクトを立ち上げ，国際的に協調して対処していくための話し合いの結果，最終報告書で15に及ぶ対応策（行動計画）が取りまとめられ，主として，次の行動計画に関する防止措置から構成されています。

行動計画2：ハイブリッド・ミスマッチ取極めの効果の無効化
行動計画6：租税条約の濫用防止
行動計画7：恒久的施設認定の人為的回避の防止

日本は，このうち行動計画2の「課税上存在しない団体を通じて取得される所得に対する条約適用に関する規定（第3条）」，「双方居住者に該当する団体の居住地国の決定に関する規定（第4条）」，行動計画6の「取引の主たる目的に基づく条約の特典の否認に関する規定（第7条）」，行動計画7の「コミッショ

第1章　租税条約と源泉所得税　17

ネア契約を通じた恒久的施設の地位の人為的な回避に関する規定（第12条）」，「特定活動の除外を利用した恒久的施設の地位の人為的な回避に関する規定（第13条）」などを適用することを選択しています。本条約の規定は，日本にあっては2019年1月1日以降に発効することになり，今後は租税条約の相手国ごとに適用関係を整理する必要が出てくるでしょう。

ポイント

① 2018年9月27日時点で，英国，イスラエル，スウェーデン，ニュージーランド，及びポーランドなど8カ国の租税条約の適用関係については，日本が締結している個別の租税条約に加えて，BEPS防止措置実施条約の適用関係を整理する必要があります。

② 上記①の条約相手国のほか，日本は31カ国・地域の相手国をBEPS防止措置実施条約の適用対象国・地域としています。当該BEPS防止措置実施条約の発効の時期は各々の条約相手国ごとに異なるため，当該条約の効力がいつから発効するのか注意する必要があります。

③ 上記①及び②の条約相手国・地域ごとにBEPS防止措置実施条約の適用対象も異なるため，各々の条約相手国・地域と日本が選択及び適用した規定を確認・整理する必要があります。

解説

1 BEPS防止措置実施条約の概要と適用対象となる租税条約

BEPS防止措置実施条約は，多国籍企業がその課税所得を人為的に操作し，課税逃れを行っている問題に対処するため，OECDにおいて対応策（行動計画）が取りまとめられ，主として行動計画2：ハイブリッド・ミスマッチ取極めの

効果の無効化，行動計画6：租税条約の濫用防止，行動計画7：恒久的施設認定の人為的回避の防止に関する防止措置から構成されています。

この防止措置実施条約及び当該条約の各規定を適用するか否かは，各国・地域が任意に選択することができ，既存（個別）の租税条約の各当事者国（両国）がお互いに適用対象とすることを選択している場合に限り，適用されます。

2　BEPS防止措置実施条約の適用開始時期

各租税条約の当事者国がその租税条約をBEPS防止措置実施条約の対象とすることを選択し，BEPS防止措置実施条約が両国で発効する場合に，順次，その租税条約について適用されます。BEPS防止措置実施条約は，各国が批准書等を寄託した日に開始する3カ月の期間が満了する日の属する月の翌月の初日に，その国について発効します。日本は2018年9月26日に受託書を寄託したことにより，2019年1月1日に発効します。

日本がBEPS防止措置実施条約の適用対象として選択している39の相手国・地域は，次の財務省のwebサイトから確認することができます。

https://www.mof.go.jp/tax_policy/summary/international/tax_convention/press_release/20180927mli.htm

発効の時期は各々の条約相手国ごとに異なるため，これも次の財務省のwebサイトから確認することができます。

https://www.mof.go.jp/tax_policy/summary/international/tax_convention/mli.htm

3　BEPS防止措置実施条約の選択及び適用

BEPS防止措置実施条約の各当事者国は，既存（個別）の租税条約のいずれを防止措置実施条約の適用対象とするかを任意に選択すること，又は防止措置実施条約のいずれを既存（個別）の租税条約について適用するかを一定の制限の下で選択することができます。

日本がBEPS防止措置実施条約の適用対象として選択している39の相手

国・地域ごとに，①既存（個別）の租税条約に加えて，②BEPS防止措置実施条約のうち各々の当事者国が選択した規定を確認し，選択した規定について合致した条約の規定の内容に修正又は置き換える必要が生じます。

上記②の各々の当事者国が選択した規定などは，次のOECDのウェブサイトからダウンロードすることができます。

http://www.oecd.org/tax/treaties/multilateral-convention-to-implement-tax-treaty-related-measures-to-prevent-beps.htm

また，各々の当事者国が選択したBEPS防止措置実施条約規定の確認，条約の修正及び置き換えにはかなりの手間を要しますが，下記の財務省のウェブサイトから統合条文を参考としてダウンロードすることができます。

https://www.mof.go.jp/tax_policy/summary/international/tax_convention/mli.htm#a07

1 租税条約

Q6 台湾との租税協定

CHAPTER 1

日本と台湾の間で最近租税条約に相当する協定が締結されたと聞きましたが，どういったものでしょうか？
また，協定の締結により実務的には従来とどの点が大きく変わったのでしょうか？

結論

　日本と台湾では国家間の正式な条約はありませんが，2015年に民間機関である日本の公益財団法人日本台湾交流協会と台湾の台湾日本関係協会との間で作成された「所得に対する租税に関する二重課税の回避及び脱税の防止のための公益財団法人交流協会と亜東関係協会との間の取決め」（以下，「日台租税協定」という）が締結されており，実質的には他の国の租税条約と同様の機能を有しています。また，その内容も租税条約として一般的なものです。
　これにより，従来はなかった短期滞在者免税などが，2017年1月1日から適用となっています。ゆえに，日本からの出張者については，2016年までは台湾滞在期間91日以上が台湾居住者扱いだったものが，2017年以降は183日以上が台湾居住者となりました。また，利子，配当，使用料等の税率が20%だったのが，租税協定により10%になることとなりました。
　なお，日本で租税条約の適用を受けるために必要となる「租税条約の届出書」については，国家間の租税条約ではありませんので通常の「租税条約に関する届出書」ではなく，「外国居住者等所得相互免除法に関する届出」を提出することになっています。

ポイント

① 日本と台湾の間では租税条約はありませんが，日台租税協定があり，租税条約と実質的に同等の機能を有しています。
② 2017年より適用開始となっています。
③ 大きな変更点は，183日未満の短期滞在者が課税されないこととされた点で，従来は出張者でも91日以上の滞在で課税されていましたが，その期間が183日以上に伸びることとなりました。
④ 配当，利子，使用料等の限界税率も20％から10％となりました。
⑤ 日本で租税協定に基づく軽減税率の適用を受けるためには，「外国居住者等所得相互免除法に関する届出」を提出する必要があります。

解 説

　台湾とは以前は日本との租税条約がありませんでしたが，2017年より日台租税協定が締結されました。日本と台湾は正式な国交がないため，国家間の租税条約ではありませんが，実質的にはこの協定が租税条約と同等の機能，効力を有しています。

　当該条約の適用により，一般的な租税条約締結国と同じような税務関係になっています。具体的には，出張者が相手国の居住者として課税される期間が滞在期間183日以上となり，また，配当，利子，使用料等の限界税率も10％となりました（日台租税協定5，10，11，12）。

　なお，日本で国内法と異なる税率の適用を受けるためには，租税条約締結国の場合，租税条約の適用に関する届出を日本で提出する必要があります。台湾の場合は，租税条約ではないため，租税条約に関する届出書ではなく，「外国居住者等所得相互免除法に関する届出」を提出する必要があります。

1 租税条約

Q7　中国・香港間の租税条約とその活用方法

CHAPTER 1

　中国と香港で租税条約があると聞きましたが，香港は現在では中国に返還されて中国の一部ですので中国法が適用になるのではないでしょうか？　同じ国の中の租税条約をどのように解釈すればよいでしょうか？
　また，当該租税条約の実務上の留意点は何でしょうか？

結論

　香港は中国の一部ですが，一国二制度という制度が採用されており，特別行政区として大陸とは異なる法律が運用されているため，税法実務的には外国扱いに近いと考えるとわかりやすいかと思います。中国大陸と香港間では，「中国香港二重課税防止協定」（以下，「中国香港条約」という）があり，内容的には日中租税条約と同様の二国間の包括的な租税条約となっています。
　ゆえに，一般的な租税条約の解釈と同様に考えていくことになりますが，特徴的な点としては，要件に該当した場合，配当等の限界税率が日中租税条約よりも低く設定されているという点です。なお，適用を受けるために従来は中国で届出の提出が必要でしたが，現在は企業側が要件に該当すると判断すれば，租税条約による税率を適用して申告することとなっています。

ポイント

① 　中国大陸と香港で適用法令が異なります。香港は，中国のなかでも特別行政区として大陸と異なる法律が施行されており，税法等はイメージとし

ては日本よりも自由度が高いものとなっています。
② 中国香港条約は、他の国家間の租税条約と概ね同様ですが、要件に該当した場合、配当等の限界税率は低く設定されています。
③ 租税条約の税率適用には、従来は届出書の提出が必要でしたが現在は企業側が判断して申告することとなっています。

解説

1 中国香港租税条約における配当、利子、使用料の税率（中国香港条約）
(1) 配当
　中国香港条約では香港法人が配当をする中国法人の出資の25％以上を有している場合には、中国で課される配当の税率は、5％を下回らないこととされています（中国香港条約10）。ゆえに、租税条約の適用がある場合は中国国内法に定める10％ではなく、5％の源泉徴収での配当が可能となります。
(2) 利子
　利子については、7％を下回らないとされています（中国香港条約11）。これも上記同様、租税条約の適用がある場合は中国国内法に定める10％ではなく、7％の源泉徴収での利子の支払が可能となります。
(3) 使用料
　使用料については、7％を下回らないとされています（中国香港条約12）。これも上記同様、租税条約の適用がある場合は中国国内法に定める10％ではなく、7％の源泉徴収での使用料の支払が可能となります。

2 租税条約適用の手続
　上記租税条約の適用を受けるためには、従来は中国で租税条約の適用に関する届出書を提出する必要がありました。実務的にはこの適用に関する届出書を税務当局に受け付けてもらえるかが課題というケースがあったのですが、現在

では2015年国家税務総局公告第60号により，企業自ら該当するか否かを判断し，該当する場合は，届出をすることなくそのまま適用して申告してよいこととなりました。ただし，税務調査等で要件に該当しない等として否認される可能性を考慮すると，従来と同様事前に税務局に照会をかけておく方が安全といえます。

Column01　租税条約と国内法

1．租税条約と国内法の関係（税法は条約に勝てない）

　国際税務につきものの租税条約は，苦手意識をもつ方も多いですが非常に重要なものとなります。条約は国内法に優先することとされており，国内法の取扱いを押さえても，租税条約が異なるものであればそちらが優先されるためです。

2．租税条約の適用のための届出の効力

　なお，国内法と租税条約が異なり租税条約の方が有利な場合で，その適用を受ける場合には，「租税条約の適用に関する届出書」を提出することとされています。

3．日中租税条約の実情（主要部分の税率はほぼ同じ／不利な場合の優先）

　なお，租税条約では税率について「○○を下回らない」という表現が良く出てきますが，これは，認められるなら当然ながら最大限有利な税率を納税者が選択しますので，実質的には○○の税率を適用するという意味となります。

4．普段出てこない税目（税務の分類に注意）

　なお，実務的な注意点としては国内税法の所得分類と租税条約の所得分類は異なる点があるという点です。具体的にいうと，租税条約では，事業所得があり，その後に譲渡所得，役務提供所得などという分類がされていますが，これらのカテゴライズは国内税務での分類と項目が異なる部分が多くありますので，各租税条約に基づく分類を行うことが必要です。

2 源泉所得税

Q8 中国子会社から配当を受ける場合の留意点（国外送金の手続）

CHAPTER 1

中国子会社から日本親会社へ配当を行いたいと思いますが，必要資料や手続，注意点は何でしょうか？
また，配当ができる時期は決まっているのでしょうか？

結論

必要資料としては，会社定款に基づき配当の決議資料として株主総会議事録又は董事会議事録が必要となります。手続的には，会社で配当の決議をし，利益金額の10％に相当する利益準備金を積み立て（会社により他の積立金等の積立が必要とされている場合もあります），銀行で送金手続をして配当をすることになります。注意点としては，銀行での送金手続時に配当の決議議事録，利益準備金等の積立てが必要という点です。また，地域によっては送金時に配当年度の監査報告書や，利益に関する会計事務所の証明書等が必要とされます。また，時期については，定時総会に限定されていませんので，決議をすればいつでも配当をすることができますが，進行期の利益に対応する配当は認められていません。

ポイント

① 配当には，会社の決議が必要となります。会社の定款に基づき，株主会若しくは董事会で決議され，支払時にも根拠資料として必要となります。
② 配当の際は，資本金の50％に達するまで利益の10％の利益準備金の積立が必要となります。また，定款でその他の基金（企業発展基金，従業員福

利基金）の積立を定めている場合，その積立も必要となります。
③　銀行での送金手続の際，監査報告書や利益に対する会計事務所の証明が必要とされる場合があります。
④　配当は決議さえすれば，いつでも可能ですが，進行期の利益に対応する配当はできません。

解説

1　中国会社法における配当の定義（積立金が必要）

中国の会社法における配当は，「企業は欠損を補填し，企業所得税控除後の利益から法定及び任意の準備金を積み立てたあとの余剰利益を株主に配当することができる」と定義されています（中国会社法167）。

ゆえに，配当時には，法定準備金である利益準備金の積立を要します。そのほか，企業発展基金，従業員福利基金の積立ては任意ですが，定款で積立が要請されている場合，積み立てる必要があります。

2　配当に関する源泉所得税

配当については，中国国内源泉所得として，配当には10％の企業所得税の源泉徴収納付が必要となります（中国企業所得税法91）。なお，この源泉企業所得税は，日本の法人税では受取配当の95％が益金不算入とすることができるため（法法23の2③），益金不算入となった配当から源泉徴収された企業所得税については，外国税額控除の適用はできず，損金の額にも算入できないこととなります（法法39の2）。

3　実務手続

まずは，定款に基づき株主会決議又は董事会決議に基づき，配当を決議します。決議の議事録は今後の手続の際，必ず必要になります。その後，決議内容

に応じて，利益準備金等の積立を会計上行い，配当所得に関する企業所得税の源泉徴収の申告をし，納税を行います。その後，当該資料等を必要に応じて配当送金銀行に提出し，銀行で親会社宛てに源泉徴収額控除後の金額について，送金手続を行い完了となります。

> ### Column02　役員を中国等に派遣した場合の課税
>
> #### 1．非居住者役員問題
> 　非居住者の給与所得については，役員でなれば国外源泉所得については，日本の所得税は課税されません。しかし，役員の場合，20.42％の所得税源泉徴収が必要とされています。ゆえに，日本の役員が中国の駐在員となる場合は，税務上は中国居住者で日本は非居住者となりますが，日本から支給される役員報酬について源泉徴収納税が必要となります。
>
> #### 2．中国で外国税額控除は可能か？
> 　中国では外国税額控除の適用は，税法には定めがあるものの実務的には簡単な話ではありません。そもそも中国では董事費という役員報酬に相当するものは，董事会等の実費相当額を支給するような性質のものとされ，日本のように高額に支給されるものではなく，給与と解釈する可能性も多いにあります。また，給与の場合，中国常駐の駐在員であれば，それはそもそも中国国内源泉所得ではないのかという解釈になり，地域によっては適用は容易ではないようです。

2 源泉所得税

Q9 配当・ロイヤリティーなどの送金時の源泉徴収
CHAPTER 1

中国子会社から日本親会社へ配当やロイヤリティーを送金する際，中国側で源泉徴収納税が必要と聞きました。それぞれどういった税金が必要でしょうか？
また，留意点はどういったところでしょうか？

結論

　2008年以降の利益に対応する配当は企業所得税10％の源泉徴収が必要となります。また，源泉徴収された企業所得税は，日本では外国子会社からの受取配当等の益金不算入規定に該当する場合，益金に算入されていませんので，外国税額控除はできません。

　ロイヤリティー等のサービスフィーに関しては，ロイヤリティーは租税条約の所得分類上，使用料所得に該当しますので，使用料所得として日中租税条約で10％の企業所得税が源泉徴収されます。そのほか，増値税が課税されますが，場合によっては免税の適用があります。企業所得税部分については，日本で外国税額控除が可能です。

ポイント

① 外国子会社からの配当について，外国で課された源泉所得税については，当該配当が法人税法上益金不算入となることから，外国税額控除の適用はありません。また，損金の額にも算入されません。
② ロイヤリティー等使用料から控除された法人税に相当する外国法人税の

額は，外国税額控除の適用があります。
③　増値税は，外国法人税ではないため外国税額控除の適用はありませんが，租税公課として損金の額に算入されます。
④　外国法人税の額に相当する税金についても，日本法人の状況によっては外国税額控除の適用より，損金算入を選択した方が有利なケースも考えられます。グループ全体での税効果も考慮し，送金スキームを検討するのが理想的です。

解説

中国子会社から日本親会社へ支払われるロイヤリティーや配当は，中国で一定の税金が源泉徴収され，残額が日本親会社へ着金することになります。

■日本親会社仕訳

① ロイヤリティー

法　人　税　等	10	売　　　　上	100
現　預　　金	90		

ロイヤリティー100，源泉徴収企業所得税10，増値税免税の場合（付加税は省略）
　外国から支払われる日本法人の収入で，外国で日本の法人税に相当する税金が課された場合には，外国税額控除の適用を受けることができます。

② 配当

租　税　公　課	10	売　　　　上	100
預　　　　金	90		

配当100，源泉徴収企業所得税10の場合
※受取配当は95％が益金不算入の場合，租税公課は損金不算入（受取配当の益金不算入の適用を受ける場合，外国税額控除の適用は不可）。

Column03　中国現地法人から日本親会社への送金と難易度

1．中国現地法人から日本親会社への送金は可能か？

よく，「中国や新興国から日本親会社への送金は難しい」という話を耳にしますが，実際はどうなのでしょうか。

▌送金イメージ図

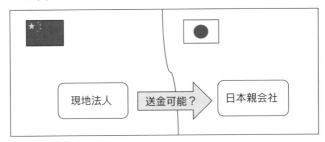

中国の場合ですと，送金自体は可能で，全く問題なく送金できるものも数多くあります。しかし内容によっては送金できないものや，当局の許可がいるものがあります。これらは

① 手続を経れば通常は送金ができるもの
② 関係当局が許可をすれば送金できるもの
③ そもそも送金できないもの

に分類することができます。

上記の3分類に区分した場合，一般的な例は以下のとおりとなります。

▌一般的な送金分類例

	送金可否	例
1	通常送金できるもの	貿易代金，配当金，駐在員日本円支給給与分
2	当局の許可があれば送金できるもの	サービスフィー，ロイヤリティー
3	送金できないもの	日本親会社の立替金，通関していない貿易代金

2．現地法人から本社への利益移転に使用できる送金方法は？

　中国では，外貨は依然として厳しく管理されています。外貨取引が，資本取引，貿易取引，非貿易取引に大きく分かれており，管理の厳格さは資本取引，貿易取引，非貿易の順となります。ただし厳格な管理がある分ルールに従えば海外送金も問題なくできます。

資本取引：配当金，外債登記をした借入金の利息，元本の返済等ですが，きちんとした手続を行えば送金できます。
貿易取引：貿易代金の支払ですが，通関単という通関書類があれば送れます。
非貿易取引：外貨管理上明確な規定があるものと明確な規定がないものに分かれ，また外貨管理局の管理とは別に，一回の送金が５万ドルを超えた場合，納税証明書が要求されますので，税務局で必要な納税を済ませておく必要があります。

　なお，納税証明が必要ない５万ドル以下の送金でも，源泉徴収の義務自体はあり，納税が必要な点には留意する必要があります。たまに，「納税証明が要求されないから，納税しなくてよい」と勘違いされている方もいますが，完全に誤解です。調査が来て発見されれば追徴課税をされることになります。

3．当局の許可とは？

　外貨送金における当局の許可とは，通常は
　① 税務局による課税関係の確認，納税及び納税証明書の発行
　② 銀行（厳密には外貨管理局だが，ある程度の送金金額までは銀行が審査を行う）による送金の審査及び必要資料の提出
となります（その他，ロイヤリティーなどの場合は，対外経済貿易委員会での技術導入契約登録などが必要）。

4．現地法人から日本親会社への送金（サービスフィーかロイヤリティーか？）

　通常税務局で厳しくチェックされる利益移転に効果のある送金はサービスフィーかロイヤリティーとなります。両方法のメリット・デメリットをまとめると以下のとおりとなります。

方法	メリット	デメリット	源泉徴収課税関係
1. サービスフィー	税務局の許可さえとれれば，基本的には送金できる。	本社からの来中者の個人所得税課税や，PE認定の指摘を受ける可能性がある。 価格の妥当性などについて税務調査で再度論点になる可能性がある。	企業所得税 （みなし利益率による算出） 増値税
2. ロイヤリティー	ロイヤリティー登記ができればある程度経常的に送金が可能である。 価格の妥当性についても登記ができれば税務上の妥当性がある程度保全される。 増値税の免税の適用がある可能性がある。	ロイヤリティー登記の手続が煩雑。	企業所得税 （10%：日本では20%とみなして外税控除が受けられる） 増値税 （免税適用の場合あり）

Q9 配当・ロイヤリティーなどの送金時の源泉徴収

第1章 租税条約と源泉所得税

2 源泉所得税

Q10 日本から中国法人へのアウトソーシング費用の支払に係る源泉所得税

CHAPTER 1

日本親会社から中国法人に対し，BPOサービスの業務委託をしています。この場合，日本側で非居住者に対する所得税の源泉徴収の必要はあるのでしょうか？

結論

非居住者に対する国内源泉所得に係る対価の支払は，所得区分に応じ所得税の源泉徴収をする必要がある場合があります。ご質問のケースですと，所得区分は役務提供の対価か，使用料の対価に該当することになります。役務提供対価の場合，中国法人のPEが日本国内に存在しない場合，国外源泉所得に該当しますので源泉徴収の必要はありません。使用料に該当する場合，国内源泉所得に該当し10.21％の源泉徴収が必要となります。役務提供か使用料かの区分は日本の国内法では所得税法第161条第1項の所得の種類に基づき判定しますが，中国の場合は租税条約締結国ですので日中租税条約に基づき判断します。

ポイント

① 所得の分類に応じて，所得が国内源泉所得か国外源泉所得かを判定します。
② 国内源泉所得の場合，一定の場合を除き源泉徴収が必要となります。
③ 源泉徴収の税率は，所得の分類に応じて確定します。
④ 上記の所得分類，税率の確定は租税条約がある場合は租税条約を優先して適用します。

解 説

　非居住者への国内源泉所得の支払に関しては，一定の場合日本で所得税の源泉徴収納付をする必要があります。この場合は，以下のポイントに沿い，納税義務を判断します。

1　租税条約締結の有無

　租税条約締結国の場合，租税条約が国内法に優先しますので，まず租税条約締結の有無を確認します。中国の場合，租税条約締結国ですので日中租税条約に基づき判断します。

2　所得の種類

　所得の種類により，内外判定や税率が異なりますので，所得の種類を判定します。今回のBPOサービスは，著作権の移転がある場合は（1）使用料所得，単なる役務の提供の場合は（2）事業所得に該当することとなります。

3　所得発生地の判定

　所得発生地の判定は所得の種類により異なります。

（1）　使用料所得の場合

　日本の所得税法では，使用料所得は使用地主義ですが，日中租税条約では債務者主義となっています。本事例の場合，使用しているのは日本，支払者も日本企業でどちらでも国内源泉所得に該当しますが，ロジックとしては日中租税条約による債務者が日本にいるため，日本の国内源泉所得に該当するということになります。

（2）　事業所得の場合

　事業所得の場合は，実際の場所で判定しますので，実際にサービス提供を行っているのは，中国ですので国外源泉所得に該当します。

4 税率の判定と租税条約の適用に関する届出書

税率も所得の種類により異なります。

(1) 使用料所得の場合

国内法では，20％ですが，日中租税条約では10％を下回らないと規定されていますので，10％の税率となります。なお，適用を受けるためには租税条約の適用に関する届出書を支払日までに税務署へ提出する必要があります。

(2) 事業所得の場合

事業所得の場合，上記③により国外源泉所得に該当するため，源泉徴収は不要です。

┃サービス提供と源泉徴収イメージ図

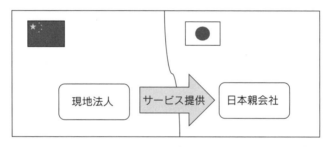

※中国現地法人から提供したサービスが，税法上使用料所得に該当するか，役務提供所得に該当するかにより，日本で源泉徴収すべき所得税額が異なる。

2 源泉所得税

Q11 日本からインド法人へのアウトソーシング費用の支払に係る源泉所得税

CHAPTER 1

日本企業からインド法人へITの技術役務指導を依頼しています。指導はインドで行ってもらっており，著作権の移転はなく，役務の提供に該当すると理解しています。この場合，日本の所得税法によると役務提供地が国外であり，日本国内にPEがなければ国外源泉所得であるとして，源泉所得税の徴収義務はないという理解でよいでしょうか？

結論

インドへの支払の場合，日印租税条約が日本の所得税法に優先して適用されることになりますが，日印租税条約は他の租税条約に比べて特殊な点があります。日印租税条約では技術役務提供については，使用料及び技術役務提供に区分され，さらに所得源泉地が債務者主義（支払った者の場所が源泉地）となっていますので，租税条約により日本の国内源泉所得に該当し，租税条約に規定する10.21％の源泉徴収が必要となります。また，インド法人も国内源泉所得である役務提供事業については，PEがなくても法人税の確定申告を行う必要があります。

ポイント

① 非居住者への支払について，当該非居住者の居住国が日本との租税条約締結国の場合，国内法に優先して適用されます。
② 日印租税条約は，他の租税条約に比べ特殊な点があります。

③ 日印租税条約では，技術役務提供について，使用料及び技術役務提供の条項に区分されています。
④ 日印租税条約では，使用料及び技術役務提供所得は債務者主義により所得源泉地を確定します。
⑤ 日印租税条約の限度税率の適用を受けるには租税条約の適用に関する届出書の提出が必要となります。
⑥ インド法人は，国内源泉所得である人的役務提供所得について，法人税確定申告が必要となります。

解説

　非居住者への国内源泉所得の国外への支払の必要について，租税条約締結国の場合，租税条約で判断します。インドの場合，日本と日印租税条約を締結していますので，そちらに基づき判断しますが，日印租税条約は他の租税条約に比べ特殊な点があります。

　本事例の役務提供については，国内法では所得税法第161条により人的役務提供として実際の役務提供地で判断しますが，日印租税条約では，まず，①技術役務提供は所得の種類が，第12条の使用料及び技術役務提供所得に分類されます。

　さらに，②同所得が債務者主義により所得の源泉地を判断することとなっているため，国内法ならまず課税されないと考えがちな，物理的には国外で行われた技術役務提供に課税がされることとなります。

　また，税率については，日印租税条約で10％と規定されているため，適用を受けるためには支払日までに租税条約の適用に関する届出書を税務署に提出する必要があります。

　また，インド法人は，国内源泉所得である人的役務提供所得は法人税法上，PEがなくても確定申告をする必要があるとされているため，インド法人も法

人税の確定申告をする必要があります（法法141）。

■日本企業がインド法人からインドで受ける技術役務提供

項目	国内法	日印租税条約
所得の種類	人的役務提供	使用料及び技術役務提供
所得源泉地	国外	国内
源泉税率	課税なし （使用料の場合20.42%）	10.21%

第2章
法人税に係る取引

1 海外への進出形態と日本の法人税

Q12　中国大陸，台湾への進出形態と税務

CHAPTER 2

中国大陸や台湾への進出を検討していますが，拠点の形態としてはどういった形態が最もよいのでしょうか？

支店や駐在員事務所という拠点形態もあると聞きましたが，海外子会社とどのように違うのでしょうか？

また，日本の税務との関係はどのようになっているでしょうか？

結論

　日本企業の海外への進出形態は各国，各地域の法制度により異なります。例えば中国大陸では外資企業の支店は銀行等一部にしか認められておらず，事業を行う場合は，通常は子会社形式での進出にならざるを得ませんが，台湾では支店の設立も可能となっています。

　また，駐在員事務所については，基本的には営業活動ができず，情報収集のみを行うものですが，その詳細は各国，各地域で内容が異なります。例えば，中国大陸では駐在員事務所には経費課税という課税方式が適用され，法人税に相当する税金が課税されることになります。一方，台湾では営業活動を行わない限りは課税されません。

　各形態について日本の税務との関係でいうと，子会社は日本親会社とは独立した別法人であり別会社である一方，支店，駐在員事務所は日本親会社の一部であるため，損益は基本的に日本親会社にも帰属します。また，日本親会社での申告に含める一方，上記のとおり現地での課税もあり，調整が必要な場合もあります。

　ゆえに，実際の予定事業や予算，収支見込み，日本の税務での位置付け等を総合的に検討して拠点の形態を検討するのが望ましいでしょう。

ポイント

① 日本のビジネス上の表現では，「海外支店」という認識でも実際の現地の法的な形態は，「子会社」，「支店」，「駐在員事務所」など様々ですので，企業のホームページ上で「支店」と表示されていても，実際の形態は異なる場合もあります。
② 中国大陸では「支店」は銀行等，一部の業態にしか認められていません。
③ 駐在員事務所，支店は日本親会社の一部であるため，日本の法人税法上，損益は合算されます。子会社は別法人であるため，合算されることはなく，完全に別法人となります。
④ 別法人である子会社の場合，経費の負担などについて法人税法上，子会社寄附金等が論点になります。

解説

海外に拠点を設立する場合，設立拠点の法的な性格は各国によって制度が異なりますので，制度に合わせた拠点設立を検討する必要があります。形態としては，①子会社，②支店，③駐在員事務所といったものが一般的ですが，日本の法人税法の観点で考えると，①子会社は完全なる別法人，②支店，③駐在員事務所は日本親会社の一部といった特徴があります。

形態別特徴一覧

	駐在員事務所	支店	子会社
事業内容	調査，連絡活動のみ（収入計上不可）	外国法人の支店として事業活動	独立した内国法人として事業活動
日本の法人税法上	親会社の一部。経費のみ計上される。	親会社の一部。支店の損益も合算する。	別法人。適正な取引価格，対価回収が必要。
中国大陸での課税，特徴	経費課税	銀行など一部業種以外は外国企業の支店は設立不可	設立可，課税
台湾での課税，特徴	営業活動を行わない限り課税なし	設立可，課税	設立可，課税
各国共通の注意点，特徴	活動が限定的	各国法制度に基づいて，子会社との比較が必要	オーソドックスな海外進出形態

　なお，中国大陸では外国企業の支店は銀行等一部の業種しか設立できません。また，中国大陸では外資企業の中国子会社の支店は，分公司という形で設立可能ですが，分公司独自で税務申告や登記などが必要であり，日本の税法における日本国内支店と要求されている手続は大きく異なります。

2 外国税額控除

Q13 外国税額控除制度適用上の留意点
（外国税額控除制度適用時の国外所得の計算）

CHAPTER 2

　当社は香港に支店を有すると同時に，次の国外源泉所得を有しています。
　法人税の税額計算において外国税額控除の適用を検討していますが，控除対象外国法人税及び国外所得計算上の留意点を教えてください（共通費用等はないものとします）。

所得の内訳　　　　　　　　　　　　　　　　　　　　　　（単位：円）

	海外からの受取利息	2,000,000
	上記に係る源泉所得税	−200,000
	海外からの子会社配当金	3,000,000
	上記に係る源泉所得税	−150,000
	海外からの受取配当金	1,000,000
	上記に係る源泉所得税	−100,000
	その他日本国内源泉所得	60,000,000
	香港支店帰属所得（税引前）	10,000,000
	上記に係る外国法人税	−1,650,000
法人税課税所得	外国税額控除適用時	73,150,000

結論

　外国税額控除制度の基本は，国際的な二重課税の排除と緩和を趣旨とする直接外国税額控除制度で，①控除対象外国法人税の把握，②控除限度額の計算（国外所得の把握と調整）及び③控除限度超過額・余裕額の繰越控除・繰越使用の3つの仕組みを理解することが重要となります。
　はじめに，外国税額控除の対象となる控除対象外国法人税額の具体的な把握

のため，外国法人税の範囲・定義を確認する必要があり，設例のケースでは外国子会社からの配当金に係る源泉税を除いた合計額1,950,000円が控除対象外国法人税の額に該当します。

　続いて，控除限度額の計算を行いますが，設例のケースでは，源泉税控除後の国外所得金額の合計額13,900,000円から外国子会社配当金の益金不算入制度に係る配当金の95％相当額の2,850,000円を控除し，外国税額控除の対象となる控除対象外国法人税の合計額1,950,000円と外国子会社配当金の益金不算入制度による外国源泉税の損金不算入額150,000円を加算した13,150,000円が国外所得金額となります。

控除限度額＝法人税×（国外所得／全世界所得）

　なお，控除限度額の計算上，納付した外国法人税の額の全額が外国税額控除の対象とならなかった場合などは，その控除限度超過額を3年間繰り越すことができますが，翌年，外国税額控除制度を適用せずに損金処理をした場合は，控除限度超過額は繰り越すことができずに，打ち切りとなります（Q14を参照）。

ポイント

① 控除対象外国法人税額の把握のため，外国の法人税の範囲から除かれている税と外国法人税であっても外国税額控除の適用上，対象から除外されている外国法人税を確認する必要があります。
② 国外所得の計算は，海外利子・配当金・使用料などの源泉所得税控除後及び国外事業帰属所得などの税引後の金額の合計額に納付した控除対象外国法人税額を加算し，必要に応じて共通利子，共通費用及びその他の経費を配賦して行います。なお，国外所得のうち外国で非課税とされた所得がある場合は，その全額を国外所得の金額から控除します。

③ 上記②の共通費用の配賦計算において，個々の費目ごとにその計算を行うことが困難であると認められる場合は，全ての共通費用の額を一括して，売上総利益のうちに国外所得に係る売上総利益の占める割合を用いて計算することができます。

解説

1 外国法人税の範囲と控除対象外国法人の確認

外国法人税の範囲には，申告納税，源泉徴収又は賦課徴収されるかを問わず，外国において所得を課税標準とする税，法人の所得の特定の部分を課税標準として課される税及び徴税上の便宜のために所得に代えて収入金額等を課税標準とする税，法人の特定に所得につき，収入等を課税標準とする他の税目の税額も含まれています（法令141①②）。

ただし，納付後，任意にその金額の全部又は一部の還付を請求できる税，納税猶予期間を納税者が任意に定めることができる税及び外国法人税の附帯税その他これに類する税は外国法人税の範囲に含まれません（法令141③）。

また，次の外国法人税は控除対象外国法人税の対象とすることができません（つまり外国税額控除の対象とならないもの）。

① 負担が高率な部分
② 通常行われるとは認められない仕組取引に基因して生じた所得に対する外国法人税
③ 内国法人の法人税に関する法令の規定により法人税が課されないこととなる金額を課税標準として課される次の外国法人税
　(a) みなし配当（株式の取得価額を超える部分に対して課される部分を除く）に対して課される外国法人税
　(b) 外国子会社益金不算入制度の対象となる剰余金の配当等の額に対して課される外国法人税

(c) 国外事業所等と本店等との間の本店等への支払につき課される外国法人税
(d) 租税条約相手国等において，その租税条約の規定に定める限度税率の超過分を超えて課された外国法人税
(e) その他政令で定めるもの

　本設例のケースでは，上記③（b）により外国子会社からの配当金について課された源泉税 150,000 円は外国税額控除の対象となりません。

2　国外所得金額の計算

　外国税額控除は，控除対象外国税額と控除限度額との比較で，いずれか小さい金額を当期の税額控除額とすることができます（法法 69 ①，法令 142 ①）。控除限度額は全世界所得金額に占める国外所得金額の割合を納付すべき法人税額に乗じて計算するため，次のステップで国外所得の把握を行っていきますが，計算した国外所得の金額から外国で非課税とされた所得（例：外国からの受取使用料について源泉所得税が免除された場合など）を控除して算出する調整国外所得金額がベースとなります。

① 国外所得の金額の整理（利子，配当及び使用料については源泉所得税控除後の金額，国外支店の所得については日本の法人税法の一定の規定を考慮した税引後の利益）がスタートになります。
1,800,000 円＋2,850,000 円＋900,000 円＋8,350,000 円
＝13,900,000 円

② 控除対象外国法人税の額及び損金不算入となる外国法人税を加算します。
200,000 円＋150,000 円＋100,000 円＋1,650,000 円＝2,100,000 円

③ 外国子会社配当金の益金不算入の対象となった配当金の 95％相当額を減算します。
2,850,000 円

④ 国外所得の計算にあたって，国外所得に直接関連する原価等だけでなく，

負債利子，販売費及び一般管理費についても，共通費用の額（負債の利子の額を含む）がある場合には，適正な配賦が必要とされます。

(a) 共通利子（国外業務，国内業務の各々に直接関連する利子を控除後の残った負債利子）を総資産のうちに海外資産の占める割合で計算した利子の額を配賦します（卸内業及び製造業の場合）。

なお，利子や配当がなかった貸付金や海外有価証券の帳簿価額は分子の金額から控除することができます。また，外国子会社配当金の益金不算入制度の適用を受けた海外有価証券についても，益金の額に算入されない割合（95％）を乗じて計算した金額を分子の金額から控除できます（法基通16-3-13）。

(b) 販売費及び一般管理費についても，国外業務と国内業務の双方に関連して生ずる費用（共通費用）については，収入金額，資産の価額，使用人の数，その他の基準のうち法人が行う業務の内容及び費用の性質に照らして合理的と認められる基準によって配賦する必要があります（法令141の8）。

なお，個々の業務・費目ごとに適切な配分を行うことが困難な場合は，全ての共通費用を，一括して売上総利益（利子，配当及び使用料については収入金額）のうち，国外業務に係る売上総利益（利子，配当及び使用料については収入金額）の占める割合を乗じて計算した金額を配賦することができます（法基通16-3-12）。

また，国外所得の大部分が利子・配当・使用料である場合は（金融・保険業を除く），共通費用の配賦について明らかに国外業務に関連する費用の額のみ（例：海外子会社への出向社員に係る較差補填給与など）を配賦の額とすることができます。

⑤ 引当金・準備金の繰入れ等

貸倒引当金について，国外支店等に帰属する個別貸倒引当金の繰入額を

控除し，一括貸倒引当金の繰入額は，一括評価の対象となった金銭債権等の額のうちに国外支店等に帰属する金銭債権等の額の占める割合を乗じて配賦します（法基通16-3-15）。

⑥　寄附金及び交際費の損金不算入額などの配賦（法基通16-3-19の2）

　　国外所得の金額は外国の法令によって計算された課税標準ではなく，日本の法人税法（措置法等を含む）を適用することで算出されます。

　　したがって，寄附金及び交際費の額のうち，税務上，損金不算入とされる金額を，各々の支出した費用のうち国外業務に直接関連する費用及び共通費用として配賦された額の占める割合を乗じて計算した額を加算します。

　　上記の設例のケースに当てはめた結果は，次のとおりとなります。
①　控除対象外国法人税：1,950,000円
②　国外所得金額：13,900,000円＋2,100,000円－2,850,000円
　　　　　　　　＝13,150,000円（共通費用等は考慮していません）

2 外国税額控除

Q14 外国税額控除と外国税額の損金算入の選択適用の留意点

CHAPTER 2

Q13で述べたとおり、納付した外国法人税の額の全額が外国税額控除の対象とならなかった場合などは、その控除限度超過額を3年間繰り越すことができるようですが、そもそも外国で納付することとなった外国法人税は損金算入することもできると聞いています。
外国税額控除と外国法人税の損金算入の選択で留意点があれば教えてください。

結 論

　各年度の外国法人税について、外国税額控除又は外国法人税の損金算入のどちらかいずれかを選択適用することができますが、納付した外国法人税が複数あり、一部の外国法人税については外国税額控除を選択適用している場合、その年度の外国法人税の全てについて損金算入を適用することはできません。
　また、外国税額控除を選択適用したその翌年度に外国税額控除制度を適用せずに損金処理をした場合は、控除限度超過額又は控除余裕額は繰り越すことができずに、打ち切りとなってしまいます。したがって、外国税額控除制度を適用して控除限度超過額などを繰り越している場合、翌期以降3年間の当社の国外所得のみならず全体の所得（そもそも所得が多寡により法人税の税額も変動し、控除限度額も影響を受けるため）も見通して、その選択を判断するのが望ましいといえます。

ポイント

①　納付した複数の外国法人税の額について，一部を外国税額控除の適用した場合，その年度は外国法人税の損金算入の適用を受けることができません。
②　控除限度額の金額と納付した又は納付する外国法人税の額にズレがある場合などはその差額の金額を 3 年間繰り越すことができますが，翌年以降に外国法人税の損金算入を選択適用すると，繰り越している差額は打ち切りとなってしまいます。

解説

1　外国税額控除又は外国法人税の損金処理の選択

　各年度の納付した又は納付する外国法人税につき，外国税額控除を選択するか損金処理するかは納税者の任意となります。したがって，ある事業年度に複数の国外源泉所得があり当該所得について外国法人税が課されているケースにおいては，その一部は外国税額控除を適用し，残りを損金処理することは認められません。外国法人税の一部に税額控除を適用し，残額を損金処理している場合はその全額について外国税額控除の適用も受けることなく法人税の課税標準の計算上，加算されてしまいます（法法41，法基通16-3-1）。

2　外国税額控除の繰越しと繰越しの打ち切り

　控除限度額の計算上，国外所得の発生年度と当該所得に対する外国法人税の確定時期にズレが生じる場合の調整のため，控除限度超過額又は控除余裕額は 3 年間の繰越しが認められています。例えば，外国で国外所得が発生してもその所得の発生時期とその国外所得に対する外国法人税の確定の時期とのズレに

より，国外所得がない，又は控除対象とする外国法人税がない，といった状況が生じるケースが挙げられます。そこで，当期に控除対象外国法人税はあるけれども控除限度額がない場合や，逆に控除限度額はあるけれども控除対象外国法人税がない場合など，控除限度超過額や控除余裕額を3年間にわたり繰り越すことができるようになっています。

なお，この控除限度超過額・控除余裕額の繰越しは，法人税，道府県民税（所得割）及び市町村民税（所得割）各々について繰越しの制度がありますが，その繰り越している期間中に納付の確定した外国法人税について損金処理を選択した場合，その控除限度超過額又は控除余裕額の繰越しは打ち切りとなってしまいます（法令144，145及び地令9の7，48の13及び57の2，57の2の2）。

したがって，外国税額控除と損金処理の選択は，今後3年間の会社の全体の所得の多寡と国外所得の多寡の両睨みで外国税額控除を選択するのか損金処理（損金処理では繰越欠損金等で9年間繰り越すことが可能）を選択するのが有利なのかを判断することになります。

2 外国税額控除

Q15　外国税額控除の適用時期の留意点

CHAPTER 2

　当社は2018年度（2019年3月期決算）で次のとおり，国外源泉所得を会計上，計上しています。外国税額控除の適用時期の留意点を教えてください。
　併せて，外国法人税の換算についても教えてください。
① 　香港支店　納税賦課通知書：2018年8月21日に支払
② 　受取配当金（外国子会社には該当しない）配当金受領日（2018年5月15日）
③ 　受取使用料（契約に基づき未収金で計上）前年に未収計上した使用料の受領日（2018年6月20日）
④ 　受取利息　利息受領日：2018年9月30日

結　論

　外国税額控除の対象となる外国法人税は納付の確定した法人税となります。賦課課税の場合，納付の確定した時期は賦課決定の通知のあった日（通知書に日付が記載）となりますが，納税者が継続適用により賦課決定の通知を受けて，その通知に基づく納付を行った日を税額控除の適用を受ける日とすることもできます。
　配当金，使用料及び受取利息は一般的に所得税の源泉徴収で課税関係が完了します。したがって，これらの所得の支払を受けた時期が外国法人税が確定した時期といえ，配当金については2018年5月15日，利子については2018年9月30日が納付の確定した日となります。
　使用料についても，前年度に未収計上した所得であっても，外国法人税の納付の確定した時期は2018年6月20日の当期事業年度中になるので，使用料

の支払に際して源泉徴収された外国法人税は控除対象外国法人税の対象となります。

外国法人税に係る外貨の換算ですが，利子，配当及び使用料などの源泉徴収で課税関係が完了する所得については，その所得の換算に使用した換算レートを用いますが，設例の使用料のように前期末に未収計上（源泉所得税は仮払金処理）したケースにあっては，実際の所得の支払日の換算レートを用います。設例の香港支店など国外事業所等において納付する外国法人税は，その納付が確定した日の属する事業年度の本支店合併損益計算書作成に使用した換算レートを使用します。

ポイント

① 外国税額控除の適用は外国法人税を納付することとなる日の属する事業年度となり，利子，配当及び使用料などの所得税の源泉徴収で課税関係が完了するものは，それらの所得の支払を受けた日が外国税額控除の適用を受けるタイミングとなります。所得の円換算に用いた為替レートを外国法人税の換算にも使用します。

② 源泉徴収で課税関係が完了する所得につき未収経理を行い，実際の所得の支払を受けた日が期をまたぐケースでは，外国法人税の換算レートは未収経理した所得について実際に支払を受けた日の換算レートを使用します。

③ 海外支店の損益について外国税額控除の適用を受ける時期は，現地で申告書を提出した日又は賦課課税通知書を受けた日の属する事業年度で，外国法人税の換算は，本支店合併損益計算書作成の基礎となる為替レートを使用します。

解 説

1 外国税額控除を適用する時期（通法 15, 16）

　外国税額控除制度は，内国法人が各事業年度において外国法人税を納付することとなる場合に，その事業年度の所得に対する法人税の額から控除限度額を限度として控除する制度をいいます。この納付することとなる外国法人税の確定の時期ですが，次のいずれかの方式によるものと規定されています。

① 申告納税方式：納税者の行う申告により確定することを原則，すなわち申告書の提出の日
② 賦課課税方式：納付すべき税額が専ら税務署長等の処分により確定，すなわち賦課課税（決定）の通知を受けた日
③ 源泉徴収方式：利子，配当などの源泉徴収の対象となる所得の支払日
④ その他：納付の確定した外国法人税を支払った日（継続適用），外国税額控除の適用時期（法基通16-3-5）

　したがって，設例のケースに当てはめると，外国税額控除を適用する時期は，配当，利子及び使用料については，その支払を受けた日となり，香港支店の所得については，賦課課税の通知を受けた日又は継続適用を要件に外国法人税を支払った2018年8月21日の属する事業年度になります。

2 外国法人税の換算（法基通16-3-47）

　外国法人税の円換算の方法は，次の区分のとおり規定されています。

① 源泉徴収方式（②による場合を除く）
　　利子，配当及び使用料などを収益に計上すべき日に属する事業年度終了の日までに実際に支払を受けた場合：収益の換算に使用した為替レート
② 源泉徴収方式（①による場合を除く）
　　利子，配当及び使用料などを未収計上した所得の支払が翌期にずれ込む

場合：翌期に実際に支払を受けた日の為替レート
③ 日本国内から送金する外国法人税：上記1の時期に準ずる日の為替レート
④ 国外事業所等において納付する外国法人税：納付すべきことが確定した日の属する事業年度の本支店合併損益計算書の作成に使用する為替レート
⑤ 租税条約により納付したものとみなされる外国法人税：その外国法人税を納付したものとした場合に適用すべき上記①〜④に掲げる為替レート

設例のケースに当てはめると，外国法人税の換算は利子，配当及び使用料のいずれについても，その所得の支払を受けた日の為替レートを使用し，香港支店の納付の確定した法人税については，当社が本支店合併損益計算書の作成のために使用するその事業年度末日又は事業年度末月の月間平均為替レート等を用います（法基通13の2-1-8）。

2 外国税額控除

Q16 事業税の課税標準計算時の国外所得の考え方
（法人税と事業税の国外所得の範囲の違いと留意点）

CHAPTER 2

Q13の法人税の国外所得と事業税の課税標準の計算上の国外所得の範囲の違いと留意点について教えてください。

結論

　外国税額控除制度における国外所得の計算と事業税の課税標準計算上の国外所得の範囲は，その考え方から大きく異なります。内国法人はその全世界所得につき日本で納税義務を有します。そのため日本国外で取得した所得に対して外国で課税を受けた場合，その所得について日本と外国で二重課税の状態となります。この二重課税の排除のための方法として，①外国税額控除，②外国法人税の損金算入，③国外所得免除制度が設けられています。法人税法では，基本的に二重課税の排除の方法として上記①及び②の制度が採用されている一方（例外：外国子会社配当金益金不算入制度），事業税の課税標準の計算では，③の国外所得免除方式が採用されています。

　したがって，事業税の課税標準の計算上，国外所得を控除する必要がありますが，ここでいう国外所得とは法人税法の国外所得の範囲と異なり，国外支店等に帰属する所得だけを指します。国外から利子・配当金及び使用料を受領していても，それが国外支店に帰属する所得でなければ国外所得に該当しません。

　本設例のケースでは外国税額控除適用時の法人課税所得の73,150,000円から外国の事業に帰属する所得以外の所得に課された外国法人税の額300,000円及び外国の事業に帰属する所得に対して課された1,650,000円を減算し，さらに外国の事業に帰属する所得として8,350,000円を控除した62,850,000円が事業税の課税標準の金額となります。なお，法人税法の外国子会社配当金益

金不算入制度により益金不算入とされる金額は，事業税の課税標準計算上も益金不算入とされますが，当該配当に係る源泉所得税の取扱いについては，明文規定はないものの二重課税が生じていない状況から，損金不算入の処理が相当かと考えます。

ポイント

① 事業税の課税標準の計算上，国際的な二重課税の排除の方法として国外所得免除方式を採用しています。
② 事業税の課税標準から除外する国外所得は，国外支店に帰属する所得に限定されます。
③ 事業税の課税標準の算定は，別段の定めを除き，法人税の課税標準の計算の例によって行います（外国子会社配当金の益金不算入制度も該当）。

解説

1 事業税の二重課税排除の方法

事業税は法人の事業所が所在する地において，その法人の事業活動に応じて各種の行政サービスを受益しているとの応益主義の考え方に基づき，国外所得免除方式を採用しています。ただし，事業税の課税標準の計算上，控除される国外所得は，外国の支店等の事業所に帰属する所得に限られています（地法72の24）。

外形標準課税適用法人に課される付加価値割・資本割の課税標準に関しても，外国の支店等の事業所に帰属する金額を控除することとしています（地法72の19，72の22）。

2　事業税の課税標準から控除する国外所得の範囲

　事業税の課税標準の計算上，控除される国外所得は，外国の支店等の事業所に帰属する所得に限られるため，法人税法上，国外源泉所得に該当する利子，配当金及び使用料にあっても，それらの所得が国外支店等に帰属しない所得であるときは，事業税の課税標準の計算上，控除されないことになります（地法72の24）。

　なお，事業税の課税標準の計算上，控除されなかった利子，配当金及び使用料に課された外国法人税に相当する額については，損金の額として減算します（地令21の4）。

3　事業税の課税標準の計算上，国外支店等を有している場合の留意点

　事業税（所得割）の課税標準は，内国法人の事業の所得の総額からこの法律の施行地外の事業に帰属する所得を控除して得た額と規定しています（地法72の24）。

　また，所得割の算定方法は法人税の課税標準である所得の計算の例により算定されるため国外支店等に帰属する所得を算定する必要がありますが，国外支店等に帰属する所得の計算が困難な場合は，従業者数で按分する簡便な方法も認めています。

　しかし，「事業税における国外所得等の取扱いについて」において，外国税額控除を適用した場合等は，原則として従業者数で按分する簡便な方法を認めていないため，国外所得を区分して計算する必要が生じます（事業税における国外所得等の取扱いについて：平成16年4月総税都第16号）。

　国外所得の区分計算の留意点として次の事項が挙げられます。
　① 各国外支店等の所得から共通利子・共通費用等を配賦して控除する。
　② 寄附金及び交際費の損金不算入に相当する金額を配賦して加算する。
　③ 所得の総額が赤字の事業年度についても区分計算を行う。
　④ 翌事業年度以降の繰越しが認められる欠損金の額は，全体の欠損金の額から国外支店等に帰属する欠損金の額を控除した金額に限られる。

⑤　国外支店等に帰属する損益が赤字である場合、当該赤字の金額を課税標準の計算上、加算すること。
⑥　所得割の算定方法は法人税の課税標準である所得の計算の例によるので、外国子会社配当金の益金不算入の適用を受けた金額は課税標準の算定上、含めない一方、特定外国子会社等の合算税制の適用を受けた金額は含める必要があること。

2 外国税額控除

Q17 事業税の課税標準の計算方法
CHAPTER 2

外形標準対象法人の国外所得における事業税の課税標準の計算方法の留意点について教えてください。

結論

事業税の課税標準の計算では，前記 Q16 の結論で述べたとおり国外所得免除方式が採用され，事業税の課税標準の計算上，国外所得とは法人税法の国外所得の範囲と異なり，国外支店等に帰属する所得だけを指します。国外から利子配当金及び使用料を受領していても，それが国外支店に帰属する所得でなければ国外所得に該当しません。

外形標準課対象法人の付加価値割及び資本割の課税標準の算定も特定内国法人（内国法人で，海外に支店を有して事業を営んでいるもの）の付加価値割及び資本割の総額から海外支店等の事業に帰属する付加価値額（国外付加価値額）及び資本割を控除して算定します。

また，国外付加価値額のうち収入金額の算定は，法人税法に規定する計算の例によって海外支店等に帰属する所得を区分計算し，資本金等の額の算定は，特定内国法人の資本金等の額からその特定内国法人の資本金等の額に付加価値額の総額のうちに国外付加価値額の占める割合を乗じた金額を控除して計算することが原則とされます。

国内の事業に帰属する所得と国外所得に区分計算することが困難である場合は，従業者数按分によって区分計算することも可能ですが，法人税について外国税額控除に関する事項を記載した申告書を提出している場合は，国外所得の計算について区分計算が困難であると認められないため留意が必要です。

ポイント

① 特定内国法人の外形標準課税の付加価値額及び資本割は，外国の事業に帰属する付加価値額，外国の事業の規模等を勘案して計算した資本割の金額を控除して計算します。
② 国外所得の区分が困難な場合は，従業者数按分によって付加価値額の額を計算することができます。
③ 法人税の申告で外国税額控除の適用を受ける場合は，従業者数按分によって付加価値額の算定を行うことは認められません。
④ 海外支店に帰属する資本割の算定において，付加価値額の総額のうちに国外付加価値額の占める割合が50％超の場合は，従業者数按分によって計算することができます。

解説

1 特定内国法人の所得割の課税標準の算定方法

内国法人で，海外に支店を有して事業を営んでいるもの（「特定内国法人」という）の所得割の課税標準は，前述でも述べたように，特定内国法人の所得の総額から国外所得を控除して算定します（地法72の24，総務省通知「事業税における国外所得等の取扱いについて7 (1), (2)」）。

ただし，上記の原則計算が困難な場合には，以下の算式により計算することができます（地令21の8）。

$$所得総額（注1） \times \frac{事業年度末日の国外事務所の従業者数（注2）}{事業年度末日の従業者総数}$$

注1：所得の総額
・特定内国法人が納付した外国の法人税額は損金算入されないものであること。

・繰越欠損金額等又は災害損失金額を控除する前の所得金額によるものであること。
注2：事業年度末日の国外事務所の従業員数
　・外国の事務所又は事業所における現地雇用者の数も含むものであること。
　・事業年度終了の日現在における事務所又は従業員数によるものであること。

ただし，外国の事務所又は事業所を有しないこととなった場合又は特定内国法人が事業年度の中途において外国の事務所又は事業所を有しないこととなった場合には，当該事業年度の月数で除して得た数（その数に1人に満たない端数を生じたときは，これを1人とする）によるものとすること（総務省通知12，13）。

2　特定内国法人の付加価値割の課税標準の算定方法（地法72の19）
(1) 原則
外国の事業に帰属する付加価値額を区分することができる場合は，以下の算式により計算します。

　　法人事業税の課税標準となる付加価値額
　　　　　　＝付加価値額の総額－外国の事業に帰属する付加価値額

(2) 例外
外国の事業に帰属する付加価値額の計算が困難であるときは，次により算定した金額をその特定内国法人の事業に帰属する付加価値額とみなします。

　　外国の事業に帰属する付加価値額＝

$$付加価値額の総額 \times \frac{外国に有する事務所等の期末従業者の数}{外国に有する事務所等の期末従業者の数＋国内に有する事務所等の期末従業者の数}$$

なお，国外所得について区分計算した場合には，付加価値額についても区分計算する必要があります（総務省通知14）。

3 外国税額控除の適用を受ける場合の国外所得の区分計算(総務省通知6(1))

法人税で外国税額控除の適用を受けている場合,外国の事業に帰属する付加価値額の計算が困難であるとは認められません。すなわち,外国事業に帰属する付加価値額の算定を従業者数按分によって計算することはできません。

4 特定内国法人の資本割の課税標準の算定方法(地法72の22)

(1) 原則

資本金等の額を次の算式により付加価値額の比で按分して求めます。

$$\text{特定内国法人の資本金等の額} \times \frac{\text{その事業年度の外国の事業に帰属する付加価値額}}{\text{その事業年度の雇用安定控除を適用しないで計算した付加価値額の総額}}$$

(2) 例外

特定内国法人の資本金等の額から控除する金額は,次の(a)〜(c)のいずれかの場合は,下記の算式によります(総務省通知16)。

(a) 外国の事業に帰属する付加価値額が零以下である場合

(b) 付加価値額の総額(雇用安定控除額を控除しないで計算した金額。(c)に同じ)から外国の事業に帰属する付加価値額を控除して得た額が零以下である場合

(c) 付加価値額の総額のうちに,付加価値額の総額から外国の事業に帰属する付加価値額を控除して得た額の占める割合が50%未満である場合

$$\text{特定内国法人の資本金等の額} \times \frac{\text{外国に有する事務所等の期末従業者の数}}{\text{外国に有する事務所等の期末従業者の数}+\text{国内に有する事務所等の期末従業者の数}}$$

2 外国税額控除

Q18 海外子会社株式の企業グループ内の譲渡と外国税額控除

CHAPTER 2

当社は下記のとおりその保有する中国 B 社の株式の全てを，事業再編の一環から日本国内にある当社の 100%子会社である A 社へ B 社株式の時価相当額で売却する予定です（譲渡益 1 億円相当）。

日本ではグループ法人税制の適用により当社の譲渡損益は繰延処理の扱いとなると認識していますが，中国では株式の譲渡益相当額について 10%の課税を受けるようです。中国で支払うこととなる外国法人税について外国税額控除の適用を受けることはできますか？

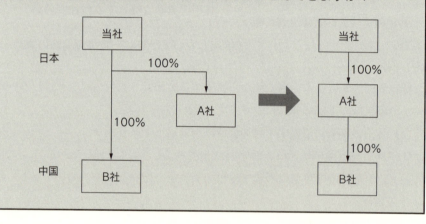

結論

当社が B 社株式を A 社へ売却してその株式売却益相当額 1 億円に対して 1,000 万円相当額の納税を中国で行った場合，たとえ日本でグループ法人税制の適用により，その株式売却益相当額が繰延べ扱いとなっても外国税額控除の適用を受けることができます。というのも，中国で支払うこととなる 1,000 万円は外国において所得を課税標準とする税に相当し，つまり外国法人税の範囲

に含まれ、さらに日本と中国との間の租税条約第13条（譲渡収益）第4項において、中国源泉所得なる中国法人の持分の譲渡益について中国での課税権を認めており、控除対象外国法人税に該当するからです。

ただし、外国税額控除の適用を受ける場合の控除限度額の計算上、国外所得の計算は外国の法令によって計算された課税標準ではなく、日本の法人税法（措置法等を含む）を適用することで算出されるため、中国法人の持分による譲渡益は国外所得に該当しません。したがって、当該年度に他に国外所得がなく、今後3年の間に国外所得が見込まれない場合は、外国法人税の損金算入処理を選択することになります。

ポイント

① 外国で支払うこととなる税金が外国法人税の範囲に該当するか否か。
② 外国法人税に該当しても、控除対象外国法人税の対象になるか否か。
③ 控除限度額の計算上、外国の法令ではなく日本の法令を適用しても国外所得が計上できるか否か。

解 説

1 外国法人税と控除対象外国法人の範囲（法令141③）

Q13外国税額控除制度適用上の留意点で述べたとおり、外国法人税の範囲には、申告納税、源泉徴収又は賦課徴収されるかを問わず、外国において所得を課税標準とする税、法人の所得の特定の部分を課税標準として課される税などが該当します。ただし、任意にその金額の全部又は一部の還付を請求できる税、納税猶予期間を納税者が任意に定めることができる税などは外国法人税に該当しません。

しかし，一定の外国法人税は控除対象外国法人税の対象とすることができません。例えば，租税条約相手国等において，その租税条約の規定に定める限度税率の超過分を超えて課された外国法人税は，控除対象外国法人税の対象とすることはできません。上記の設例に当てはめて検討すると，今回，中国で支払うこととなる1,000万円は，当社の中国法人Ｂ社の持分の譲渡に対する譲渡益に対して10％の企業所得税が課されたものなので外国法人税に該当することになります。

　さらに，日中租税条約第13条（譲渡収益）第4項で，法人の株式・持分の譲渡によって取得する収益については，その所得源泉地での課税を認めています。特に限度税率も定めていません。したがって，控除対象外国法人税の対象から除外されるものでもありません。

2　控除限度額の計算（国外所得金額の把握）

　外国税額控除の控除限度額を計算する場合の国外所得金額とは，外国の法令で課税標準とされた金額ではなく，その国外源泉所得について各事業年度の所得に対する法人税を課するものとした場合に課税標準となるべき金額と規定されています（法令141の8）。

　したがって，法人税法第61条の13に規定により，中国法人Ｂ社の持分の譲渡益1億円が繰延処理された場合，国外源泉所得はゼロとなってしまい，当社に他の国外源泉所得がないと控除限度額もゼロとなり，結果的に法人税額から控除する外国法人税の額もゼロとなってしまいます。

　今後3年以内に国外源泉所得が発生する見込みであれば，外国税額控除を適用して控除余裕額を繰り越す判断も可能ですが，さもなければ，今回，中国で支払うこととなる1,000万円は，外国法人税の損金処理を選択するのが妥当と考えます。

　なお，日中租税条約に限らず日韓租税条約第13条（譲渡収益）第2項に該当する株式の譲渡益についても，同様にグループ法人税制による譲渡益の繰延べ処理を受けた場合，国外源泉所得はゼロとなります。

2 外国税額控除

Q19 ベトナム契約者税と外国税額控除の適用

当社は，このたびベトナム法人A社に当社製品の製造機械装置を輸出販売することになりました。当社のサービス担当者が現地で機械装置の据付も行います（約2週間の出張予定）。機械装置の販売代金の支払について，A社からベトナムの外国契約者税の源泉徴収後の金額を送金するとの連絡を受けていますが，外国契約者税とはどういう税金なのでしょうか？

また，源泉徴収される外国契約者税について，当社は外国税額控除の適用を受けることができますか？ なお，当社はベトナム国内に恒久的施設はありません。

結論

ベトナム企業にサービスを提供して対価を受け取る場合，通常，ベトナムの外国契約者税（Foreign contractor tax）が控除されます。外国契約者税は，ベトナム国内の法人又は個人との契約により得られる収入に対して課税を受け，法人税と付加価値税から構成され，課税対象となる収入金額にみなし税率を乗じて算出されます。

外国税額控除の適用については，外国契約者税のうち付加価値税から構成される金額は外国税額控除の適用ではなく，租税公課として経費に算入することになります。法人税額から構成される金額は，日本とベトナムの間で締結されている租税協定の第7条（事業所得）において，「当社がベトナム国内に恒久的施設（PE）を通じて事業を行わない限りベトナムにおいて課税しない」と規定していることから，租税協定の適用を受けることにより課税は生じません。ただし，租税協定に基づく税制上の恩恵はベトナムで自動的に適用されるもので

第2章 法人税に係る取引

はないため，サービス提供の対価を受ける前に，あらかじめ，ベトナムの税務当局に租税協定の恩恵を受けるための届出書を提出する必要があります。当社はベトナム国内に恒久的施設を有しないとのことですので，外国契約者税のうち法人税に相当する金額の免除を受けるためには届出書の提出が必要となるでしょう。

なお，当社が届出書等を提出しなかったために外国契約者税の法人税相当額の課税を受けた場合，その金額は外国法人税に該当するものの控除対象外国法人税の対象とはならないため，外国税額控除の適用を受けることはできません。

ポイント

① ベトナムの個人及び法人との契約に基づきベトナム国内で行うサービスを通じて所得を得る外国人及び外国法人に対して外国契約者税が課されます。外国契約者税は，法人税部分と付加価値税部分から構成されています。
② 外国契約者税の付加価値税部分は，当社の租税公課として損金に算入します。法人税部分は，日本・ベトナム租税協定第7条（事業所得）の規定によれば，当社がベトナム国内に恒久的施設を有していない場合，免除されます。
③ 租税協定の特典は，ベトナムで自動的に適用されるわけではないため，当社が租税協定の適用を受けようとする場合，ベトナムの税務当局へ届出書を提出する必要があります。

解 説

1 ベトナム外国契約者税の概要

外国契約者税とは，外国法人及び外国人がベトナムの法人及び個人との契約

に従いベトナム国内で行うサービスを通じて所得を得た場合に課される税金で，法人税部分と付加価値税部分から構成されます。ベトナム国内に恒久的施設（PE）を有するか否かを問いません。

2　外国契約者税の計算・申告方法

外国契約者税には，ベトナムの会計基準方式による方法，簡便法（みなし法），折衷法（ハイブリット）の3つの計算・申告方法が認められていますが，ベトナムの会計基準方式による方法等は，ベトナムの会計基準による会計帳簿の作成が要求されるため，一般的には簡便法による計算・申告方法が利用され，課税対象収入金額にみなしの税率（法人税部分：概ね1～5％，付加価値部分：概ね2～5％）を各々，乗じて計算した金額の合計額となります。なお，ベトナム側の契約の当事者が申告及び納税の義務を負います。

3　日本ベトナム租税協定の適用と整理（第7条事業所得）

設例のケースに当てはめると，当社はベトナム国内に恒久的施設（PE）を有していないため，外国契約者税のうち法人税部分は課税の免除を受けることができます。租税協定に係る議定書2においても，「第7条（事業所得）に関し，日本国の企業がベトナムにある恒久的施設を通じて事業を行う場合において，ベトナムが当該恒久的施設の総収入に対して外国契約者税を課することを妨げるものではない」と定めていますが，外国契約者税の法人税部分もベトナムにある恒久的施設を通じて事業を行う場合を除いて課税を受けないことが確認できます。

租税協定の適用を受けるためには，ベトナムの契約相手からサービス提供の対価を受領する前に租税協定の適用を受ける旨の届出書をベトナムの税務当局に提出する必要があります。この届出書には，当社が租税協定の適用を受けることができる日本の法人であることを証する書類として居住者証明書（当社の所轄税務署へ発行を依頼）を添付する必要があります。なお，当社が租税協定の適用を受けるために届出書を提出しなかったこと等により，外国契約者税の法

人税部分の課税を受けたとしても，この課税を受けた金額について外国税額控除の適用を受けることはできません。その金額は，外国法人税に該当するものの租税条約相手国等において，その租税協定の規定に定める限度税率の超過分を超えて課された外国法人税又は免除することとする外国法人税に該当するため，控除対象外国法人税の対象から除かれているからです（法令142の2⑧）。

2 外国税額控除

Q20 中国駐在員事務所で課された企業所得税の日本での外国税額控除の可否

弊社は中国に駐在員事務所をもっていますが,駐在員事務所のため営業活動はできず,収入はありません。しかし,経費課税ということで現地では企業所得税,増値税を課税されています。これは正しいのでしょうか？

また,ここで課税された税金は日本で外国税額控除が可能なのでしょうか？

結論

中国の税務実務上,現在では公共団体の駐在員事務所を除く外国企業の駐在員事務所には経費課税方式が適用されており,経費から逆算して収入,利益を計算し,増値税,企業所得税を課税しています。これは,駐在員事務所はPEに該当するという考え方に基づくもので,現在では民間の外国企業駐在員事務所の大半に経費課税が適用されています。

日本での外国税額控除に関しては,駐在員事務所自体には収入がないため,日本の法人税法に基づく外国税額控除の対象となる国外所得金額が発生しません。ゆえに,海外拠点が駐在員事務所しかない場合は外国税額控除で控除できる金額が算式上出てこないことになりますが,他の海外拠点の国外所得金額がある場合には,計算上控除金額が出ることになります。

ポイント

① 駐在員事務所には経費課税が適用されます。

② かつては経費課税が適用されていない民間企業の駐在員事務所もありましたが，2010年の外国駐在員事務所税収管理弁法施行以降，公的機関等でない民間企業の駐在員事務所はほとんど経費課税が適用されています。
③ 経費課税の税務上のロジックは，日本の税法の推定課税に近いものです。
④ 日本の外国税額控除に関しては，そもそも中国の駐在員事務所では所得金額がないため，単独では控除可能金額が出ませんが，他国で国外所得金額が発生している場合は控除金額が出る場合があります。

解説

1 PEと経費課税の内容

中国では外国企業の一般の駐在員事務所は，日中租税条約に定めるPEに該当することされ，課税方法としては，経費課税方式が適用されることとなります（外国駐在員事務所管理弁法，2010年国税発18号）。これは，駐在員事務所の経費総額から課税当局が定める推定利益率を用いて収入，利益を逆算して，企業所得税，増値税等を計算する方法です。

2 適用の変遷

以前は，一般の企業でも一部経費課税が適用されていない駐在員事務所がありましたが，2010年の外国駐在員事務所管理弁法以降，民間の駐在員事務所はほとんど経費課税が適用されることになりました。また，以前経費課税が適用されておらず，途中から適用になった事務所は，清算時に過去の課税されていなかった時期の納税が問題にされる場合もあります。

なお，駐在員事務所は日本親会社の一部ですが，中国での課税事業年度は暦年の1月1日～12月31日となります。

3 日本での外国税額控除

当該課税された中国での税金ですが,企業所得税部分について外国税額控除が可能かどうかという問題があります。これは日本の法人税法の外国税額控除の計算上,駐在員事務所自体は控除限度額算出の際の「調整国外所得金額／総所得金額」の調整国外所得金額が駐在員事務所では発生しないため,駐在員事務所単体では計算上,控除金額が発生しません。

【日本の法人税法における控除限度額計算式】

$$\text{法人税額} \times \frac{\text{調整国外所得金額}}{\text{所得金額}} = \text{控除限度額}$$

しかし,他に海外拠点があり当該海外拠点の国外所得金額がある場合には,結果的に計算式上,中国駐在員事務所の企業所得税分が控除できるケースもあると思われます。

外国税額控除限度額算式

$$\text{法人税額} \times \frac{\text{調整国外所得金額}}{\text{所得金額}}$$

⇐ 駐在員事務所には所得金額はないが,他の拠点で国外所得金額に該当するものがあれば限度額が発生し,駐在員事務所分の企業所得税が控除できる可能性がある。

3 恒久的施設（PE）

Q21 事業所得と恒久的施設（PE）認定の考え方

CHAPTER 2

　平成31年1月1日以後に開始する事業年度分の法人税及び平成31年度分以後の所得税について恒久的施設（PE）に関する規定の見直しにより，PEの範囲が強化・拡大されたと聞きました。当社は内国法人であるので，今回の改正が当社に直接，影響を及ぼすことはないと考えていますが，外国法人と取引を行うに際して何か留意点はありますか？

結論

　外国法人が日本国内で事業を行う場合，日本国内にその外国法人の支店等の事業を行う一定の場所等がなければ，その外国法人の事業所得に対して課税は発生しません。この事業を行う一定の場所等は恒久的施設（Permanent Establishment／PE）といい，国際税務の世界では「PEなければ課税なし」という原則が認められています。

　今回のPEの範囲の強化・拡大により，当社と取引を行っている外国法人が日本国内にPEを有していると認定されても，所得税，法人税について当社には影響はありません。ただし，後述する消費税法上の居住者の定義・範囲により，当社と外国法人の間の取引のうち，消費税の課税の対象に該当する取引が発生することが想定されます。

ポイント

① 恒久的施設（PE）に関する規定は，外国法人等が日本国内で事業を行う

場合，日本国内のPEの有無に着目して課税を行うためのPEの定義を定めた規定です。したがって，消費税を除いて内国法人である当社に影響が及ぶことはありません。
② 　PEの定義の見直しにより，支店PE，建設PE及び代理人PEの範囲が強化・拡大しています。
③ 　日本が締結した租税条約において，国内法上のPEと異なる定めがある場合，その租税条約の適用を受ける外国法人等については，その租税条約上の定めた定義を優先します。ただし，租税条約の相手国が前述のBEPS防止措置実施条約：恒久的施設認定の人為的回避の防止に関する防止措置を適用対象とすることを選択している場合は，その選択した規定の定義によります。

解　説

1　国内法の確認（法法4，138，141，142）

　外国法人等は，日本国内に源泉がある所得について納税義務を負いますが，国内源泉所得は次の所得となります。

1	恒久的施設帰属所得
2	国内にある資産の運用又は保有により生ずる所得
3	国内にある資産の譲渡により生ずる所得として政令で定めるもの
4	国内において人的役務の提供を主たる内容とする事業で政令で定めるものを行う法人が受ける当該人的役務の提供の対価
5	国内にある不動産等の貸付けによる対価
6	その他源泉が国内にある所得として政令で定めるもの

　「PEなければ課税なし」という原則は，上記1の恒久的施設帰属所得（PEに帰属する事業所得）について日本で非課税という意味で，上記2から5の国内源

泉所得については，日本に恒久的施設（PE）有していなくても，基本的に法人税の確定申告及び納税が必要となります。しかし，利子，配当などの受動的所得に対する日本における課税関係は源泉分離課税で完了します。

2 消費税法上における非居住者（消令1②二）

消費税法上，非居住者に対する役務の提供は，日本国内に所在する資産に係る運送又は保管，国内における飲食・宿泊等などの国内において直接便益を享受するものを除き，輸出免税取引として消費税は免除されます。

しかし，この消費税法上の非居住者の定義は，所得税法及び法人税法と異なり，外国為替及び外国貿易法第6条第1項第6号に規定する非居住者と規定しています。

外国為替及び外国貿易法では，「非居住者」とは居住者以外の自然人及び法人と規定し，同条同項第5号で「居住者」とは本邦内に住所又は居所を有する自然人及び本邦内に主たる事務所を有する法人をいうと規定しています。非居住者の本邦内の支店，出張所その他の事務所は，法律上代理権があるか否かにかかわらず，その主たる事務所が外国にある場合においても居住者とみなす，と規定しています。

したがって，日本国内に恒久的施設（PE）を有する外国法人等は，居住者に該当し，当社がその外国法人に対して役務の提供を行う取引は消費税の課税の対象となります。

3 恒久的施設（PE）認定の人為的回避防止措置の導入

国内法におけるPEの定義について，BEPS報告書，新OECDモデル租税条約及びBEPS防止措置実施条約に合わせる改正が行われました。

いわゆる「支店PE」，「建設PE」及び「代理人PE」について，従来対応できなかった人為的なPE認定回避に対処するために，次のとおり，その範囲が見直されています。

	改正前	改正後
支店PE	・支店，出張所，事業所，事務所，工場，倉庫，その他事業を行う一定の場所 ・ただし，保管，展示，引渡しなどの準備的・補助的活動のみを行う場所を除く	・保管，展示，引渡し等を行うことを目的とした場所であっても，その機能が事業遂行上，準備的・補助的な機能でない場合（例：その倉庫等に相当な人数の従業員等が働いている場合）はPEに該当 ・ただし，非居住者等と密接に関連する者がその一定の場所において事業活動（一体的な業務の一部の機能を果たしている場合）を行っている場合には，その非居住者等のPEに該当（事業の一部をグループ内の他の法人等に行わせることによるPE認定回避の防止策）
建設PE	・建設，据付け，組立て等，建設作業等のための役務の提供を1年を超えて行う建設作業員	PE認定回避を主たる目的として，人為的に契約期間を分割した場合は，分割された期間を合計して1年超の判定を行う
代理人PE	・以下の代理人。ただし，独立代理人（その事業に係る業務を非居住者等に対して独立して行い，かつ，通常の方法により行う代理人）を除く ①常習代理人：外国法人のために契約を締結する権限を有し，この権限を継続的に又は反復して行使する者。 ②在庫保有代理人 ③注文取得代理人	・常習代理人の範囲に以下を追加 国内において非居住者等のために，その事業に関し反復して契約を締結し，又は一定の契約の締結のために反復して主要な役割を果たす者で，これらの契約が非居住者等の資産の所有権の移転等に関する契約である場合に限る当該者 ・独立代理人の範囲から，専ら又は主として一又は二以上の自己と密接に関連する者に代わって行動する者を除外（事業の一部をグループ内の他の者に行わせることによるPE認定回避の防止）

4 国内法と租税条約及び多数国間条約（BEPS防止措置実施条約）との関連

　国内法の恒久的施設（PE）の定義の範囲が改正されても，日本が締結した租税条約において，国内法上のPEと異なる定めがある場合には，その租税条約の適用を受ける外国法人等については租税条約上のPEの範囲の定義を優先します。既存の租税条約のPEの範囲の定義は，人為的にPE認定を回避できる内容でした。そこで多数国間条約（BEPS防止措置実施条約）が整備され，恒久的施

設の地位の人為的な回避に関する規定が導入されましたが，条約相手国・地域ごとに BEPS 防止措置実施条約の適用対象も異なるため，外国法人等の各々の条約相手国・地域が，日本と同様に恒久的施設の地位の人為的な回避に関する規定を選択及び適用対象としていない限り，改正の効果は及ばないことになります。

Column04　納税から考える企業統治指針（企業が取るべき行動指針）と「三方良し」の思想

　企業の検査データの改ざん，不正会計及び税逃れ（重加算税の発生を含む）などの不祥事が相次いでいます。こうした報道が企業の評判を落とし，消費者の反感を招く結果につながるなか，不祥事予防のための運用強化と透明性の確保に向けて取り組み始めた企業も増えつつあると聞いています。

　そもそも上場企業等にあっては，企業経営の透明性を高めようと金融庁と東京証券取引所が企業統治指針（コーポレートガバナンスコード）の制度化を 2015 年 5 月に決定しており，企業統治指針は①株主の権利・平等性の確保，②株主以外のステークホルダーとの適切な協議，③適切な情報開示と透明性の確保，④取締役会等の責務，⑤株主との対話の 5 つの基本原則から構成されています。この基本原則の②と③に鈍感になっている最近の企業のこうした一連の報道を耳にするにつれ，江戸・明治時代に活躍した近江商人の行動指針である「三方良し」の思想を思い起こしました。

　「三方良し」とは，売り手よし，買い手よし，世間よしの三方良し，を指し，売り手の都合だけで商いをするのではなく，買い手のことを第一に考えた商売と商売を通じた地域社会への貢献を表す近江商人の心得といわれています。

　企業と社会の関係，企業が社会でどう存続するのか，という意味を考える，感じられるヒントになるのではないでしょうか。

　税務の世界でも多国籍企業の海外の低税率国を使って利益を低く抑える過度な節税策が消費者の反発を招き，例えば，スターバックスの英国法人は「法の求めを超えて」約 30 億円の納税を行っていますが，法律違反ではなく企業の税逃れ，すなわち道徳違反が批判されています。OECD においても BEPS プ

ロジェクトを立ち上げ，多国籍企業がその課税所得を人為的に操作し，課税逃れを行っている問題（BEPS）に対処するため防止措置を公表しました。

　税務・税金の運用強化と透明性の確保に向けた不祥事予防の対策として，企業の納税に関する考え方や税務の基本方針を策定・公表し，株主や消費者らに適正な納税姿勢を強調する企業グループの税務方針の策定の重要性が高まりつつあるといえるのではないでしょうか。

　税務の専門家としてこうした企業のサポートに関わっていくことは，とても「意味」のあることだと思っています。

3 恒久的施設（PE）

Q22　中国でのPE認定課税
CHAPTER 2

中国から日本へ技術指導料の送金をしましたが，中国現地の税務調査でPEに該当すると指摘され，企業所得税，増値税のほか本社技術指導者の個人所得税も徴収されることになりました。なぜでしょうか？
また，PE認定を回避するためにはどのようにすればよかったのでしょうか？

結論

　PEに該当する場合は，日本親会社が取得した中国国内源泉所得についてPEとして企業所得税，増値税を納税する必要があります。また，当該プロジェクト関連者は日中租税条約の適用がないため，プロジェクト関連者は，プロジェクトに関連する中国滞在期間について，中国で個人所得税を納税する必要があります。

　PE認定回避は，PEの定義が定まっているため，それに該当するか否かを事前に確認し，スキームを事前に検討する方法が考えられます。また，送金前の源泉徴収時にPEとしての企業所得税納税になるかどうかも事前に確認しておきたい点です。

ポイント

① 　税法上，PE（恒久的施設）の定義に該当する場合は，当該プロジェクトはPEとなり，プロジェクト関係者について日中租税条約の短期滞在者免税の適用がなくなります。

② 短期滞在者免税の適用がない場合，中国滞在が一日でも滞在日数分について，個人所得税が課税されることとなります。
③ プロジェクト開始前に，PEの定義に該当しないかどうか確認し，必要に応じて現地での確認をするのが望ましいといえます。
④ PEに該当すると，課税されるのが正しい取扱いですので，そもそも課税されることを前提にスキームを考える必要があります。
⑤ PEの取扱いは地域差もあるため，管轄の税務局の取扱い等も事前に確認するのが望ましいといえます。

解説

1 PE（恒久的施設の定義）

日中租税条約第5条では，PEについて以下のとおり定められています。

> 第5条
> 1 この協定の適用上，「恒久的施設」とは，事業を行う一定の場所であって企業がその事業の全部又は一部を行っている場所をいう。
> 2 「恒久的施設」には，特に，次のものを含む。
>   (a) 事業の管理の場所
>   (b) 支店
>   (d) 事務所
>   (e) 工場
>   (f) 作業場
>   (g) 鉱山，石油又は天然ガスの坑井，採石場その他天然資源を採取する場所
> 3 建築工事現場又は建設，組立工事若しくは据付工事若しくはこれらに関連する監督活動は，6箇月を超える期間存続する場合に限り，「恒久的施設」とする。

ゆえに，上記第5条3の定義に該当するとPEに該当することとなります。

なお，PEの期間については，2018年4月1日以降分については，【2018年国家税務総局公告第11号】により「6カ月を超える」は，「183日を超える」に読み替えることとされています。

2　PEに該当した場合の課税

PEに該当した場合は，利益に基づき企業所得税が課税されることとされています。この場合，実務的には収入から推定利益率による利益算定が税務局により行われ，企業所得税，増値税が課税されます。

3　実務的な注意点

(1) 送金時の源泉徴収

上記税金は，送金前に源泉徴収納税を行うこととなります。企業所得税，増値税を納税後，差し引き金額が日本へ着金することになります。

(2) 日本での外国税額控除

上記源泉徴収された金額のうち，企業所得税は外国税額控除の対象，増値税は損金となりますので，申告書，納付書等のコピーを日本親会社会計処理用のエビデンスとして回収する必要があります。

▎PEに対する課税イメージ図

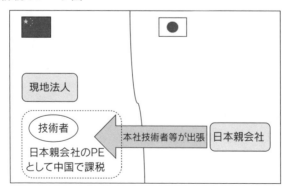

3 恒久的施設（PE）

Q23 中国駐在員事務所代表の個人所得税に関する留意点

CHAPTER 2

　駐在員事務所代表の個人所得税について，現地法人の駐在員の個人所得税と相違点はあるのでしょうか？
　他社から駐在員事務所代表は日本の居住者であっても，中国への出張滞在日数分についても中国で個人所得税の納税義務があるという話を聞きましたが，本当でしょうか？

結 論

　駐在員事務所はPEに該当するため，その駐在員はPE関連者となり日中租税条約の適用がなくなります。また，駐在員事務所代表はPE関連者になるため，日本の居住者で中国出張が183日を超過しないような場合も，短期滞在者免税の適用がないため中国出張期間中は中国個人所得税の納税義務がある点に注意する必要があります。
　ゆえに，現地法人の駐在員と異なり，日本の居住者であっても中国出張期間中は個人所得税の納税義務があるという点が大きな相違点になります。

ポイント

① 日中租税条約は，第15条の3つの要件を全て満たした場合に非居住国での課税が免税となります。
② PEに該当する場合，関連者の給与は恒久的施設から負担されたものと解釈されます。
③ 駐在員事務所の場合，組織がPEであり，そのため駐在員事務所代表等

第2章　法人税に係る取引

はPE関連者と解釈されます。

解説

　PE関連者は日中租税条約15条2項の「報酬が恒久的施設によって負担される」に該当するため，同条の短期滞在者免税の適用はありません。ゆえに，PE関連者は個人所得税の納税義務があることとなります。

　また，駐在員事務所は，恒久的施設に該当することとされているため，駐在員事務所代表は，PE関連者として中国で個人所得税の納税を行う必要があります。なお，当該個人所得税については，居住国である日本で確定申告を行えば外国税額控除が可能です（この外国税額控除は，PEとして法人（日本親会社）に対して課税された企業所得税に対する外国税額控除とは異なります。PE関連者である個人に対して課税された個人所得税に関する日本の所得税法上の外国税額控除です）。

4 外国子会社合算税制(タックスヘイブン対策税制)

Q24 外国子会社合算税制の留意点①
会社単位の合算課税と一定所得の部分合算課税制度の適用関係

CHAPTER 2

外国子会社合算税制の制度が,外国子会社の平成30年4月1日以降開始する事業年度から大幅に見直され,これまでトリガー税率が20%(外国子会社合算税制の適用を受ける外国関係会社を判定するための租税負担割合)以上であるか否かだけで,適用関係が概ね判定できたものが,租税負担割合が30%以上又は20%以上,あるいは20%未満の状況により,合算課税の適用の有無,合算課税の適用範囲となる所得の範囲が変更されたと聞きました。外国子会社合算税制の具体的な適用関係を教えてください。

結 論

外国子会社合算税制の適用関係を整理すると,次のとおりとなります。

外国関係会社の租税負担割合	判定基準	合算課税の範囲
30%以上	適用なし(合算課税なし)	
20%以上30%未満	①ペーパーカンパニー ②キャッシュボックス ③ブラックリスト のいずれかに該当する場合	会社単位の合算課税
20%未満	経済活動基準のいずれかを満たさない場合	会社単位の合算課税
	経済活動基準の全てを満たす場合	受動的所得に対する部分合算課税

第2章 法人税に係る取引 87

ポイント

① 外国関係会社の租税負担割合が30％以上であれば合算課税の適用はありません。
② 外国関係会社の租税負担割合が20％以上であっても、実体のない「ペーパーカンパニー」や実質的に「キャッシュボックス」、「ブラックリスト」国に所在する外国関係会社の所得は、会社単位で合算課税の適用を受けます。
③ 外国関係会社の租税負担割合が20％未満の場合、経済活動基準の全てを満たすなど企業としての実体が備わっていても、利子、配当金及び株式の譲渡益などの受動的所得（合計額が2,000万円以下は免除）については合算課税の適用の対象となります。

解説

1 外国子会社合算税制の概要

外国子会社合算税制は、日本の親会社が税率の低い国・地域にある関係会社を利用した租税回避を防止するために設けられました。外国子会社合算税制が適用されると、外国関係会社の所得は株主である日本の居住者・親会社の株式の保有割合に応じて、居住者・親会社の所得に合算して課税する制度をいいます。

(1) 外国関係会社の範囲

居住者や内国法人により株式等の50％超を直接及び間接に保有される外国法人、株式等を保有していなくても居住者・内国法人との間に、内国法人等が外国法人の残余財産の概ね全部について分配を請求する権利や外国法人の財産の処分の方針の概ね全部を決定することができる契約などが存在するなど、実

質的に支配関係がある外国法人が範囲に含まれます。

(2) 納税義務者の範囲

外国関係会社の株式等を直接及び間接に10％以上保有する内国法人又は居住者又は同族株主グループに属する内国法人又は居住者，居住者又は内国法人と外国法人との間に，その居住者又は内国法人がその外国法人の残余財産の概ね全部を請求することができる等の関係がある場合の居住者又は内国法人が範囲に含まれます。

2 「ペーパーカンパニー」「キャッシュボックス」，「ブラックリスト」の定義

① ペーパーカンパニーとは次のどちらの要件も満たさない外国関係会社をいいます（措法66の6②二イ）。
- 主要な事業を行うために必要と認められる事務所，店舗，工場等の固定施設があること
- 本店所在地国において事業の管理，支配及び運営を自ら行っていること

② キャッシュボックスとは次のどちらの要件も満たす外国関係会社をいいます（措法66の6②二ロ）。
- 外国関係会社の事業年度終了時の貸借対照表に計上された総資産の簿価に対して，利子，配当，有価証券及び無形資産の譲渡等の受動的所得の合計額が30％を超える場合
- 総資産の簿価に対して，有価証券，貸付金，リース用の有形固定資産及び工業所有権などの無形資産等の合計額が50％を超える場合

③ ブラックリストとは，租税に関する情報の交換について，国際的な協調が著しく不十分な国又は地域として財務大臣が指定する国又は地域に本店又は主たる事務所を有する外国関係会社をいいます（措法66の6②二ハ）。

3 経済活動基準の概要

租税負担割合が20％未満の外国関係会社が次の経済活動基準の全てを満た

す場合（基準のうち下記④についてはいずれかの基準）は，会社単位の合算課税を受けることはありません。しかし，投資所得などは合算課税の対象となります（措法66の6②三）。

①	事業基準	主たる事業が以下のものでないこと ・株式又は債券の保有 ・無形資産の提供 ・船舶又は航空機の貸付け
②	実体基準	本店所在地国に主たる事業に必要な事務所等があること
③	管理支配基準	本店所在地国において事業の管理，支配及び運営を行っていること
④	非関連者基準	非関連者との取引が全体の50％超であること 対象業種：卸売業，銀行業，信託業，金融商品取引業，保険業，水運業又は航空運送業
	所在地国基準	事業を主として本店所在地国で行っていること 対象業種：上記の対象となる業種以外

4 外国子会社合算税制（タックスヘイブン対策税制）

Q25 外国子会社合算税制の留意点②
部分合算課税の適用を受ける所得の区分と所得の計算

CHAPTER 2

当社は複数の外国子会社を有していますが，そのうちの数社は現地の実効税率が20％未満になります。今後は，これら各外国子会社の損益の内容を各事業年度ごとに把握し，部分合算課税の対象となる受動的所得の有無を整理する必要があると思いますが，受動的所得の範囲と合算課税の対象となる所得の計算方法を教えてください。

結 論

外国子会社合算税制の部分合算課税の範囲は次のとおりとなります（措法66の6⑥一～十一）。

部分合算課税の範囲	判定基準
①配当	配当（株式等の保有割合が25％以上のものを除く）
②利子	利子（通常の業務の過程において生ずるものを除く）
③有価証券の貸付け	有価証券の貸付の対価
④有価証券の譲渡	株式等の保有割合が25％以上のものを除く
⑤デリバティブ取引	ヘッジ目的で行われることが明らかな場合等を除く
⑥外国為替差益	通常の業務の過程において生ずるものを除く
⑦①～⑥に準じる所得	ヘッジ目的で行われることが明らかな場合等を除く
⑧有形固定資産の貸付け	主として本店所在地国において使用される対価を除く
⑨無形固定資産等の使用料	自己開発又は相当な対価を支払って取得した無形固定資産等に係るものを除く
⑩無形資産等の譲渡損益	自己開発又は相当な対価を支払って取得した無形固定資産等に係るものを除く

⑪異常所得	外国関係会社の当期所得の金額から①~⑩の合計額を控除した残額が外国関係会社の総資産，人件費及び減価償却累計額の合計額の50％を超える金額

ポイント

① 外国関係会社の租税負担割合が20％未満の場合，経済活動基準の全てを満たしていても受動的所得について合算課税を受けます。
② シンガポールや香港など外国関係会社の租税負担割合が20％未満の場合，外国関係会社が受動的所得に該当する所得を有しているか否かを把握しておく必要があります。なお，受動的所得の合計額が2,000万円未満の場合は小額免除の規定により合算課税の適用はありません。
③ 部分合算課税の適用の対象となる金額の計算には，一定のルールがあります。

解説

1　部分合算課税所得（受動的所得）の範囲

　経済活動基準の全てを満たす場合であっても，外国関係会社が資産運用的な投資所得を有するときは，部分合算課税の適用対象となります。
　部分合算課税の対象となる所得は，投資による収入金額からその投資収入に係る直接的に関連する費用を控除した金額となります。租税負担割合が20％未満の場合，受動的所得に該当する所得を有しているか否かを把握しておく必要があるので事務負担が増える可能性があります。

2 部分合算課税所得(受動的所得)の計算

外国関係会社の受動的所得の合算課税の対象所得は,次のA及びBの所得の金額の合計額とされます(措法66の6⑦)。

A	B
①配当	④有価証券の譲渡
②利子	⑤デリバティブ取引
③有価証券の貸付	⑥外国為替差損益
⑧有形固定資産の貸付	⑦①〜⑥に準じる所得
⑨無形資産等の使用料	⑩無形資産等の譲渡
⑪異常所得	

なお,Bの金額が損失である場合はゼロとして計算し,その損失の金額は7年間繰り越され,翌事業年度以降のBの合計額の計算上,その損失を控除することができます。

4 外国子会社合算税制(タックスヘイブン対策税制)

Q26 外国子会社合算税制の留意点③
実体基準及び管理支配基準とこれを充足することを証する書類

CHAPTER 2

租税負担割合が20%以上30%未満の国に所在する外国関係会社は,ペーパーカンパニーの判定における実体基準又は管理支配基準のいずれかを満たす必要があると聞きましたが,具体的にどういう場合に各々の基準を満たすのでしょうか？

また,これらの基準を満たすことを証する書類とは,どういう書類をいうのでしょうか？

結 論

実体基準の内容は,外国関係会社が主たる事業を行うに必要と認められる事務所,店舗,工場その他の固定施設の存在という物的な観点から企業としての実体を有するか否かを判定する基準をいいます。管理支配基準は,現地においてその事業の管理,支配及び運営を自ら行っているか否かという機能的な観点から,独立した企業としての実体をあるか否かを判定する基準をいい,具体的には法人が事業方針や業績目標を定め,それらを達成するために事業をどのように運営していくかを決定し,自己の裁量をもって事業を執行することといえます。ペーパーカンパニーの判定における実体基準又は管理支配基準を満たすことを明らかにする書類の例については,「外国子会社合算税制に関するQ&A」で国税庁ホームページから公開されています。

ポイント

① オランダ,ルクセンブルクなど租税負担割合が20%以上30%未満の国

に外国関係会社を有している場合，ペーパーカンパニーの判定における実体基準又は管理支配基準のいずれかを満たしているか否かを把握しておく必要があります。
② ペーパーカンパニーの判定における実体基準又は管理支配基準を満たすことを証する書類を整理・把握しておく必要があります。課税庁からこれらの書類の提出を求められた時に提出できないと，その外国関係会社は実体基準又は管理支配基準を満たさないものと推定され，合算課税を受ける可能性があります。

解 説

1 実体基準とこれを証する書類の内容

前記のとおり，実体基準は外国関係会社が主たる事業を行うに必要と認められる事務所，店舗，工場その他の固定施設の存在が必要となります。

主たる事業の業種や業態に応じてその態様は異なるため，例えば，小売業なら店舗，製造業なら工場などが該当します。また，その固定施設が主たる事業を行うに必要な規模を満たしているか否かは，外国関係会社の主たる事業の内容（例：卸売業又は製造業），売上及び取引先数規模（例：2億円と10社又は20億円と100社）など態様に応じて異なります。

固定施設が主たる事業に使用されていない場合や，主たる事業を行うために必要と認められないものである場合には実体基準を満たさないことになります。

なお，主たる事業が株式の保有や金融商品投資などで現地において人の活動を要しない事業である場合は，そもそも，主たる事業を行うに必要と認められる固定施設は有していない，と解せられます。

実体基準を証する書類として，次の書類が例示されています。
① 外国関係会社の主たる事業を行うに必要と認められる事務所，店舗，工場その他の固定施設の存在を証明する書類：

取得又は賃借等をした固定施設の売買契約書，賃貸借契約書，登記簿謄本，賃料・維持管理費を負担していることがわかる書類，外観・内観写真，事務所等のパンフレット
② 固定施設が外国関係会社の主たる事業に必要であり，かつ，実際に利用されているものであることを証明する書類：

社内組織図，事務所等における配席図等のレイアウト表，事業活動がわかる定期報告書（日報・月報等），維持管理費用の支出等の明細その他の役員及び使用人が固定施設において主たる事業に係る業務等に従事している実態を確認できる資料

2　管理支配基準とこれを証する書類の内容

　前記のとおり，管理支配基準は現地においてその事業の管理，支配及び運営を自ら行っているか否かという機能的な側面から外国関係会社の独立企業としての必要条件を明らかにしたものであるので，前提として，事業を行うに必要な役員及び従業員が存在していることが必要であり，外国関係会社の意思決定及び業務執行が親会社等から独立して行われているか否かは，外国関係会社の株主総会・取締役会の開催，役員としての業務執行，会計帳簿の作成及び保管が行われている場所などを総合的に勘案して判断されます。

(1) 役員としての職務の遂行

　外国関係会社の役員が，その本店所在地国において外国関係会社の役員の立場で外国関係会社の事業計画の策定等を行い，かつ，その事業計画等に従い職務を執行している限りにおいては，管理支配基準を満たすものと考えられます。この場合，外国関係会社の役員が常勤か非常勤かによって左右されるものではありませんが，役員が責任を負い，裁量をもって事業を執行しているのであれば，外国関係会社はその活動に対する報酬を負担するのが通常の姿と考えられるため，外国関係会社が役員に対してその職務の執行に見合う報酬を支給しない，あるいは負担しない場合は管理支配基準を満たしていないと判断される可能性があります。

なお，外国関係会社の役員が名義だけの役員や不特定多数の会社のために業として行う役員のみである場合も，外国関係会社は自らの事業の管理，支配及び運営を行っていないと認定される可能性があります。

(2) 株主総会・取締役会の開催及び会計帳簿の作成と保管

　外国関係会社の株主総会及び取締役会が現地で開催される必要があります。具体的には，これらの召集及び開催手続が現地で行われ，議事録等の作成及び保管も現地で行われる必要があります。株主総会・取締役会についてTV会議を使用する場合においては，株主総会・取締役会の議長が現地におり開催され，会社の重要な意思決定が現地主導のもとに行われる必要があると考えます。

(3) 管理支配基準を証する書類の例示

① 外国関係会社が事業方針や業績目標等を定めていることを証明する書類：

　本店所在地国で開催した株主総会・取締役会に係る議事録，その他外国関係会社が事業方針や業績目標を定めたことがわかる資料等

② 外国関係会社が事業方針や業績目標等を達成するための事業計画等を策定していることを証明する書類：

　本店所在地国で策定した事業計画書・社内稟議書等

③ 外国関係会社が事業方針や業績目標等に基づき裁量をもって事業を遂行していることを証明する書類：

　本店所在地国で外国関係会社の役員の名で締結した契約書・作業指示書等

3　書面による証明と推定規定（措法66の6③，④）

　国税当局の職員が，外国関係会社が「ペーパーカンパニー」の実体基準又は管理支配基準のいずれかを満たすことを証明する書類の提出等を求めた場合，その職員が定めた期限までにその提出等がないときは，その外国関係会社は実体基準又は管理支配基準を満たさないものと推定されます。すなわち，会社単位の合算課税の適用を受けることになります。

4 外国子会社合算税制（タックスヘイブン対策税制）

Q27 外国子会社合算税制の留意点④
ケーススタディー（租税負担割合の判定 1）

CHAPTER 2

当社はオランダに子会社A社（12月期決算法人）を有しています。A社はオランダ国内をはじめ欧州各国に投資不動産を保有し，賃貸事業を行っています。A社は保有する不動産のうち，英国に保有する不動産を2019年3月に譲渡し，会計上，約2億円相当の譲渡益が発生しています。そのほか，欧州各国に保有する投資不動産から不動産賃貸収入を計上し，不動産賃貸経費を控除した残額の約1億円相当に対して不動産が所在する各々の国で20％以上の法人税を申告・納付していますが，オランダでは国内税法の取扱いによりオランダ国外で発生した事業所得は非課税所得として取り扱われます。また，英国の国内税法では譲渡所得の計算上，譲渡原価である不動産の取得価額がインフレーション率等を考慮して簿価上げされた結果，譲渡所得が発生しませんでした。そのため，A社の租税負担は3,000万円／3億円＝約10％となりました。

英国では国内税法で非課税所得とされるのではなく「取得価額が簿価上げされて譲渡所得が発生しなかった」という取扱いになるので，こうしたケースでは租税負担割合の計算上，3,000万円／1億円＝30％という考え方はできないのでしょうか？

なお，A社はペーパーカンパニーにもキャッシュボックスにも該当しません。

結論

租税負担割合の計算上，分母の所得の金額には，その外国関係会社の各事業年度の決算に基づく所得の金額につき，本店所在地の法令により外国法人税の課税標準に含まれないこととされる所得の金額は，加算することとされていま

す。したがって，オランダの国内税法により非課税所得とされるオランダ国外源泉所得の3億円は分母に加算する必要があります。

この場合，A社の租税負担割合の判定上，分母の所得の金額について英国などオランダ以外の税法は関係ありません。一方，分子の外国法人税額には外国関係会社のその事業年度の所得に対して，本店所在地国又はそれ以外の国若しくは地域において課される外国法人税の額とされています。したがって，欧州各国で申告・納付した3,000万円が分子の法人税額に該当します。この結果，租税負担割合は約10％となり，ペーパーカンパニーにもキャッシュボックスにも該当しないA社の場合，外国子会社合算税制の適用免除となる20％以上の租税負担割合に満たないため，会社単位の合算課税の適用を受けることになります。

ポイント

① 租税負担割合の計算上，分母の所得の金額には，外国関係会社の本店所在地国の法令により課税標準に含まれない所得の金額は加算する必要があります。
　例外として，現地の法令により一定の持株割合を要件として非課税とされる配当金は分母に加算する必要はありません。
② 課税標準に含まれない所得の金額を整理する考え方として，現地の法令で永久に課税を受けない非課税とされる所得の金額は分母に加算し，現地の法令で課税が繰り延べられる一定の所得の金額は分母に加算する必要はない，とする整理ができます。
③ 上記①及び②の整理の結果，租税負担割合が20％以上であれば外国子会社合算課税の適用は受けません。

解説

1　租税負担割合判定上の分母の所得の金額（措令39の14②一）

　租税負担割合判定上の分母の所得の金額は，外国関係会社の各事業年度の決算に基づく所得の金額にその本店所在地国の外国法人税に関する法令の規定のより計算した所得の金額について，一定の調整を加えた金額としています。

　この一定の調整を加えた金額のなかに，その本店所在地国の法令により外国法人税の課税標準に含まれないこととされる所得の金額を加算すると規定しているため（ただし，外国関係会社の持株割合等を要件として非課税とされる一定の配当を除く），オランダの国内税法により非課税とされる国外源泉所得は，全て分母の所得の金額に加算する必要があります。

　ところで，英国所在不動産の売却損益の計算について，英国の国内税法の取扱いにより取得価額の簿価が上昇して税務上の売却益が発生しなかったケースですが，仮にA社が英国を本店所在地とする外国関係会社であっても，その租税負担割合の判定上，その簿価上げにより圧縮された売却益相当額は，法人税の課税標準に含まれないこととされる所得の金額として加算する必要があると考えます。

2　課税標準に含まれない所得の金額の考え方

　租税負担割合の判定上，分母の所得の金額に加算する必要のある課税標準に含まれない所得の金額の考え方ですが，

①　現地の法令で株式の売却益や国外源泉所得が非課税とされるケース，つまり，当該所得につき現地で永久に課税を受けない所得

②　租税特別措置法通達66の6-5の規定で非課税所得の範囲として例示されている国外源泉

所得につき本店所在地国に送金されない限り，課税標準に含まれないこととされる所得（国外源泉所得を非課税とする制度に準ずるもの）の2つのパターンに

整理できます。

　他方，分母の所得の金額に加算する必要のない課税標準に含まれない所得の金額の考え方ですが，例えば，日本の適格組織再編成に類似して現地の法令で一定の要件を満たす場合に課税が繰り延べられた所得に整理できます。

3　英国所在不動産の売却損益の計算について

　英国の国内税法の取扱い（Indexation allowance）により不動産の取得から売却時までの期間に係るインフレーションの変動をその不動産の取得価額に反映させて計算が行われます。通常，取得価額の簿価が上昇して税務上の売却益が圧縮されるケースが多くなります。

　こうした英国のケースに限らず，現地の法令により簿価上げにより圧縮された売却益相当額は，その租税負担割合の判定上，法人税の課税標準に含まれないこととされる所得の金額として加算する必要があると考えます。

　仮に国内税法の取扱い（Indexation allowance）がなく，不動産の売却益について英国で20％以上の課税を受けた場合，A社の租税負担割合は20％以上となるので，会社単位の合算課税の適用を受けることはありません。

4 外国子会社合算税制（タックスヘイブン対策税制）

Q28 外国子会社合算税制の留意点⑤
ケーススタディー（租税負担割合の判定2）

CHAPTER 2

当社は，米国法人及び香港法人との3社により英国に合弁会社Bを有しています。

当社の英国法人に対する持株割合は40％で米国法人と香港法人の持株割合は各々30％となります。また，当該英国法人は米国と香港に子会社を有しています。今回，合弁先との話し合いの末，ケイマン諸島に新たに法人を設立して，当該新設法人へ英国法人が有する子会社株式の全てを時価相当額で譲渡することにしました。

この譲渡について，英国国内税法では一定の基準を満たす株式の譲渡益について免税となるようです。外国子会社合算税制の適用上，留意する点があれば教えてください。

結論

当社の英国法人に対する持株割合は40％であるため，合弁会社Bは外国子会社合算税制適用上の外国関係会社に該当しません。しかし，当社が合弁相手である米国法人又は香港法人の株式の50％超を保有している場合，当該米国法人又は香港法人の合弁会社Bに対する持株割合（間接保有割合）を加算して外国関係会社の判定を行う必要があります。例えば，当社が米国法人の株式を55％保有していると，当社の直接及び間接の合弁会社B社の保有割合は40％＋30％＝70％となり，外国関係会社に該当することになります。

また，当社が合弁相手である米国法人又は香港法人の株式を保有していなくても契約等により，B社の残余財産の概ね全部の分配を請求できる権利又は財産の処分の方針の概ね全部を決定することができる関係があるときも，B社は当社の外国関係会社に該当することになります。そしてB社が外国関係会社に

該当する場合，租税負担割合の計算上，一定の基準を満たす株式の譲渡益について免税とされた所得は分母の所得の金額に加算する必要があります。

ポイント

① 外国関係会社の判定は，外国法人の直接株式保有割合に加えて，居住者や内国法人との間に50％超の株式等の保有を通じた連鎖関係がある外国法人が有する判定の対象となる外国法人に対する株式保有割合（間接株式保有割合）により行います。
② 外国関係会社の判定上，株式を保有していなくても契約関係等により外国法人の残余財産の概ね全部を請求することができる等の関係がある場合には，その外国法人は外国関係会社の範囲に含まれることになります。
③ 課税が免除される所得は，たとえ現地の法令で一定の基準を満たすことを要件としていても，外国関係会社における租税負担割合の判定上，分母に加算する必要があります。

解 説

1 外国関係会社の範囲（措法66の6②）

外国関係会社の範囲は，株式等の形式的な保有要件だけでなく，実質的な支配関係も基準とする規定が設けられています。

（1）株式等の保有要件

居住者，内国法人及び特殊関係非居住者（例：内国法人の役員の職務にある非居住者）により株式等の50％超を直接及び間接に保有される外国法人を外国関係会社と規定しています。間接保有の算定ですが，例えば，内国法人と50％超の株式等の保有を通じた連鎖関係がある外国法人が有する株式等の割合を，内国

法人等の直接保有割合に加算して50％超の判定を行います。

本ケースでは，当社のB社に対する直接保有割合が40％なので，当社が合弁相手のいずれかの法人の株式等の50％超を保有していない限り，B社は外国関係会社に該当しません。

(2) 実質支配による判定

内国法人等が外国法人の株式等を保有してなくても，次のいずれかの関係がある場合にも，外国関係会社に該当することになります。

① 内国法人が外国法人の残余財産の概ね全部について分配を請求することができる権利を有している場合
② 内国法人が外国法人の財産の処分の方針の全部を概ね全部を決定することができる契約その他の取決めが存在する場合

上記の実質支配の関係にある場合，株式等の保有割合を算定できないため，その外国関係会社の全ての所得について合算課税の対象となります。

例えば，外国の財団等について，居住者，内国法人等が上記の実質支配の関係にある場合には，各年度の財団等の所得について合算課税の適用を受けることになります。もちろん，設例の当社の株式保有割合が40％であっても，実質支配関係がある場合は，財団等の全ての所得について当社は合算課税の適用を受けます（措令39の16①）。

2　英国法人が保有株式を譲渡した場合の留意点

英国の国内税法の取扱い（Taxation of Chargeable Gains Act 1992, Sch 7AC）により一定の基準を満たす株式の譲渡益は，英国で免税所得となります。

具体的には，Substantial Shareholdings Exemption という制度により，次の基準を満たす株式を Substantial Shareholdings といい，英国を本店所在地とする株式だけでなく外国法人の株式も対象となります。

① 譲渡の対象となる株式の普通株式を10％以上保有していること
② 上記①の株式を譲渡前後の12カ月以上の間，継続して保有していること

③ 株式を譲渡する法人及び譲渡の対象となる法人が事業用資産を有しており，事業を営む法人，法人グループであること

　上記の株式の譲渡により免税とされた所得は，外国関係会社の租税負担割合の判定上，法人税の課税標準に含まれないこととされる所得の金額として加算する必要があります。しかし，本ケースに当てはめると当社の直接及び間接の株式保有割合が50％超でない限り，B社は外国関係会社に該当しないため，当社は外国子会社合算税制の適用を受けません。

4 外国子会社合算税制（タックスヘイブン対策税制）

Q29 外国子会社合算税制の留意点⑥
ケーススタディー（租税負担割合の判定3）

CHAPTER 2

　米国で2018年1月以降，抜本的な税制改革のより連邦法人税の税率が35％から21％に大幅に引き下げられたと聞きました。これまで米国の法人税率が高かったため，日本の外国子会社合算税制を考慮する必要性は低いと考えていましたが，今回の改正により米国子会社A社が合算税制の対象となる外国子会社に該当するか否かを検討するための具体的な留意点を教えてください。
　A社は米国のCA州に設立したLLCで，A社を経由して米国所在不動産に投資をしています。なお，A社に従業員はいません。

結 論

　米国税制改革により，2018年1月1日以降に開始する事業年度から連邦法人税率が35％から21％へ引き下げられました。したがって，外国子会社合算税制の適用関係を整理のため，連邦法人税率21％に米国子会社A社の本店所在地のある州の税率を加算して租税負担割合を確認する必要があります。合計した租税負担割合が30％未満である場合，A社がペーパーカンパニー，キャッシュボックス等のいずれかに該当するか否かを判定します。さらに今回の米国税制改革の目玉の1つに"輸出取引等"から生じた超過収益に優遇措置が設けられたことが挙げられます。この制度の適用の結果，A社の租税負担割合が20％未満になると，経済活動基準の全てを充足していても，A社の有する受動的所得について合算課税の適用を受けることになります。

ポイント

① 米国子会社の所在する州の税率に連邦法人税率21％を加算して租税負担割合を判定します。
② 租税負担割合が30％未満の場合，A社がペーパーカンパニー，キャッシュボックスのいずれかに該当するか否かを把握する必要があります。
③ 米国の優遇制度の適用によりA社の租税負担割合が20％未満となる場合，合算課税の適用を受ける受動的所得の有無を確認する必要があります。

解説

1 米国法人税の税率と日本の外国子会社合算税制の適用関係

　米国の税制改革により連邦法人税の税率が21％に大幅に引き下げられたため，米国にある子会社についても外国子会社合算税制の影響が及ぶことになりました。外国関係会社の租税負担割合により判定基準及び合算課税の範囲が異なりますが，2018年時点で米国の州税の税率で9％を上回るのはニュージャージ州，アイオワ州，ペンシルヴィニア州，ミネソタ州及びコネチカット州などに限られます。したがって大部分の米国子会社の租税負担割合は20％以上30％未満の区分に該当することになります（例：CA州の税率は8.84％）。

（1）租税負担割合が20％以上30％未満の場合の判定基準

　米国子会社がペーパーカンパニー若しくはキャッシュボックスのいずれかに該当すると，会社単位の合算課税の適用を受けます。

　基本的に，大部分の米国子会社はペーパーカンパニーの定義である実体基準若しくは管理支配基準のいずれかを満たすケースが多いと想定されるので合算課税（受動的所得も含む）の適用を受けるケースは稀であると考えます。しかし，米国法人への株式投資や不動産投資のために米国にLLCなどを設立して，LLC

を経由して投資しているケースにあっては，実体基準若しくは管理支配基準のいずれも満たさないケースも多いことが想定されます。この場合，LLC はペーパーカンパニーに該当することとなり会社単位の合算課税の適用を受けることになります。

　本ケースでは，A社は「従業員がいない」，という情報だけしかないのでペーパーカンパニーであるか否かの判断はできませんが，前述の「実体基準及び管理支配基準とこれを充足することを証する書類」の有無など，あらかじめ，そのLLCの経済実態を把握しておくことが肝要となるでしょう。

(2) 租税負担割合が20%未満の場合の判定基準

　今回の米国税制改革による「輸出取引等」に関する優遇措置などにより米国子会社の租税負担割合が20%未満となる場合，前述の経済活動基準の要件の全てを満たしていないと会社単位の合算課税の適用を受け，また，全ての基準を充足していてもその米国子会社が有する受動的所得について部分合算課税の適用を受けることになります。今回のケースには該当しませんが，売上の大部分を米国国外向けの輸出取引等が占める米国子会社を有する日本の株主にあっては，あらかじめ，受動的所得に該当する所得の有無を把握しておくことが必要になるでしょう。

2　国外無形資産所得（超過収益）に対する所得控除の創設

　米国税制改革により米国国内での雇用創出や投資促進を目的として，米国から米国外への輸出・サービス取引から生じる一定の超過収益について，その超過収益の37.5%相当額の課税所得からの控除を認める国外無形資産所得（超過収益）に対する所得控除 (Deduction for foreign-derived intangible income (FDII))という制度が創設されました。

　この制度により，超過収益に対する実効税率は13.125%（2026年以降は16.406%）まで下がることになります。なお，当該制度は課税の繰延制度ではなく免税となる制度のため，米国に所在する外国関係会社の租税負担割合の判定上，課税所得から控除した国外無形資産所得の金額は分母に加算する必要が

あります。

3 国外無形資産所得（超過収益）に対する所得控除の概要

　米国法人の所得からその外国支店などに帰属する所得を控除した一定の総所得金額から減価償却資産（外国支店などに帰属する資産を除外）の税務上の簿価の10％相当を控除した残額を「みなし無形資産所得」と認識し，このみなし無形資産所得を一定の総所得金額のうちに米国外への輸出（ライセンス及びリース取引を含む）及び米国国外へのサービス取引に帰属する割合を乗じて計算した金額を国外無形資産所得（超過収益）といいます。そして所得控除として，国外無形資産所得（超過収益）の37.5％の金額を課税所得から控除することができ，その結果，超過収益に対する実効税率は，2018年から2025年にかけては13.125％，2016年以降は16.406％となるため，外国子会社合算税制の租税負担割合の判定において留意する必要が生じます。

> **Column05　米国の法人税率の引下げとペーパーカンパニーの範囲の見直し**
>
> 　米国の米国税制改革により，2018年1月1日以降に開始する事業年度から連邦法人税率が35％から21％へ引き下げられましたが，2019年度税制改正でこの税率引下げによる影響を考慮した外国子会社合算税制の改正が行われました。
> 　そもそも米国でのビジネスの実態として不動産投資，株式投資，プロジェクト投資など様々なビジネス活動のなか，訴訟社会の米国にあって倒産隔離などの目的のためにLimited Liability Company（LLC）という事業体が利用されるのが一般的です。
> 　しかし，こうした事業体は，事業を行うに必要と認められる事務所や事業の管理・支配及び運営を自ら行っていないケースが多くあり，外国子会社合算税制のペーパーカンパニーに該当し，会社単位の合算課税の適用を受ける可能性がありました。

そこで、米国などでのビジネスの実態を考慮して、現地で行われる実体のある事業を遂行するうえで欠くことのできない機能を果たす一定の外国関係会社を、ペーパーカンパニーの範囲から除外する改正が行われた次第です。
　具体的には、ペーパーカンパニーの範囲から①持株会社である一定の外国関係会社、②不動産保有に係る一定に外国関係会社、③資源開発等プロジェクトに係る一定の外国関係会社の3つの会社の類型が除外され、各々、その外国関係会社の①資産及び収入の95％超が子会社（その外国関係会社と同一国に所在する持分が25％以上）の株式の配当等、又は資産及び収入の95％超が特定子会社（その外国関係会社と同一国に所在する外国関係会社で、同じ管理支配会社（同一国に所在する外国関係会社で経済活動基準を満たす法人）によって管理、支配及び運営等が行われているもの）からの配当等の額、一定の譲渡対価等であること、②資産及び収入の95％超がその外国関係会社の所在国と同一国に所在する不動産等から生ずるものであること、③資産及び収入の95％超が特定子会社（その外国関係会社の本店所在地国と同一国に所在する外国法人で、その外国関係会社による持分割合が10％以上であり、その同一国内において行う資源開発等のプロジェクトの遂行に欠くことのできない機能を果たすもの）若しくはその特定子会社株式等から生ずるものであること、などの要件を満たす場合に、ペーパーカンパニーの範囲から除外されて、会社単位の合算課税の適用を受けなくなります。
　なお、ペーパーカンパニーの範囲から除外される上記①の持株会社のうち、子会社（その外国関係会社と同一国に所在する持分が25％以上）の株式を譲渡して、多額の収入が計上される年度については、ペーパーカンパニーに該当する可能性に留意する必要があります。

4 外国子会社合算税制（タックスヘイブン対策税制）

Q30 来料加工香港法人に対するタックスヘイブン課税とその対策

弊社は中国華南地区に香港法人の法人格のない来料加工工場を有しており，その香港法人が日本でタックスヘイブン税制の対象になる可能性があると聞きました。しかし，華南での事業実態があるため，タックスヘイブンの対象から外れるのではと考えています。現在の取扱いはどのようになっているのでしょうか？

また，華南の来料加工工場の法人化の状況はどのようになっているでしょうか？

結論

香港はいわゆる軽課税国であり，日本のタックスヘイブン税制の対象国となります。適用は法人税法上の要件に基づき判定することになり，事業実態等があれば租税回避目的でないとしてタックスヘイブン税制の対象から外れることとなります。しかしながら，中国華南に来料加工工場を有して来料加工を行う香港法人に対し，日本の課税当局からはタックスヘイブン税制の対象であるとした指摘が相次ぎました。こうした華南の来料加工工場スキームは中国華南地区の特殊なビジネス形態に合わせて発達したものですので，事業実態を有すると主張する納税者側と争いになる事例も少なくありませんでした。しかし，現在では来料加工工場の現地法人化をすすめる中国当局の政策に伴い，香港に法人，中国に法人格のない来料加工工場という形式で来料加工工場を持つケースは少なくなっており，独立した法人を中国大陸側に持つケースが多くなっています。大陸側が独立法人であれば，香港と取引をしても実態を持つ貿易取引となり，また，大陸側の法人が直接日本親会社と取引をすることも可能であるため，現在ではこうした問題は減っているものと思われます。

ポイント

① 香港は，軽課税国であるため，日本の法人税法上タックスヘイブン税制の対象となります。
② ただし，軽課税国であっても，事業実態等の要件に該当すればタックスヘイブン税制の対象外となります。
③ 香港デルタ地域の来料加工工場は，香港法人の工場が中国にあるという形態で行われており，来料加工工場が加工廠という形式の場合，中国での法人格はなく香港法人と一体となっています。
④ 現在では中国当局の政策指導により，法人格のない来料加工工場は減り，現地法人化が進み，タックスヘイブンの問題は減っています。

解説

　日本のタックスヘイブン税制（外国子会社合算税制）は，日本に比して税負担が低い国（軽税率国）に子会社を設け，日本の法人税負担を回避することを防止するために設けられた税制です。香港は，税率としてはタックスヘイブン税制の対象国です。しかし，華南地区の来料加工貿易のための香港法人等は，中国ビジネスとしての観点からは，租税回避行為ではなく，中国の法制度上の必要性から行われていたものですので，本来の趣旨で考えると事業実態があり，タックスヘイブン税制の適用対象とすべきではないという意見も一定の合理性があると考えます。しかし，課税当局からは適用除外基準，とくに所在地国基準に該当しないとする指摘が相次ぎ，議論を呼んでいました。いまだ，論争中の課題で明確な結論は出ていない状況でしたが，結局中国政府による来料加工工場の現地法人化の政策により，当該商流自体が減少していき，現在ではこの問題はなくなりつつあります。

■華南地区の来料加工スキームイメージ図

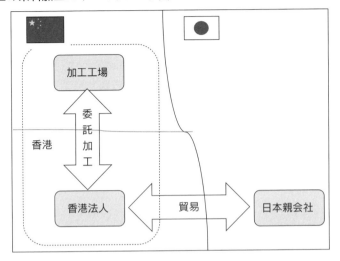

5 クロスボーダー再編

Q31 中国での間接持分譲渡に対する課税
CHAPTER 2

弊社は香港に子会社，中国に孫会社を保有しています。この度グループの再編を行うこととなり，香港子会社を売却することになりました。この場合，中国孫会社でも中国で譲渡益課税がされる可能性があると聞きましたが，本当でしょうか？
また，それはどういう理由に基づくものでしょうか？

結論

香港企業を持分譲渡して，中国大陸の孫会社の持分が間接的に移転した場合は，間接譲渡として中国孫会社の譲渡益について，源泉徴収企業所得税を納税する必要があります。これは，価値の移転という実質的価値に着目した課税です。間接譲渡が発生した場合は納税者自ら届け出て申告することとなっています。ただし，合理的な商業目的であることを証明できる場合には，中国での源泉企業所得税課税がされないこととなっています。

ポイント

① 実質的に中国子会社の持分が移転する場合，間接譲渡の規定が適用されます。
② 間接譲渡が発生した場合，納税者側で自主申告することとなります。
③ 合理的な商業目的であることが証明できる場合，中国での課税はありません。

解説

1 間接譲渡規定の趣旨

日系の中国子会社の場合，香港法人を間に介して出資し，中国現地法人が日本親会社からみると孫会社となっている場合があります。そうした関係で持分譲渡を検討する際に中国孫会社でなく，香港子会社を譲渡する場合があります。香港子会社の持分譲渡にすれば，中国側では出資者は香港子会社のままですので，大陸側での持分譲渡の手続は不要になります。ただし，税務については，実質的に孫会社の持分が移転しているとも考えられるため，当該譲渡益部分について課税するというものです。

イメージ図

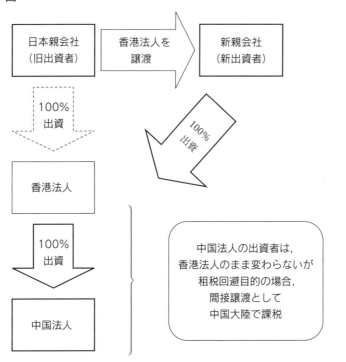

2　手続

　間接譲渡の手続は,「非居住者企業による間接財産譲渡に係る企業所得税の若干の問題に関する広告」(2015年税務局公告15号) に規定されています。当該規定によると合理的な商業目的がない間接譲渡の場合 (譲渡される外国企業がペーパーカンパニー等),直接譲渡として課税されることとなっています。その場合,中国孫会社が譲渡されたものとみなして譲渡益に対して10%の企業所得税が課税されることとなります。

　また,合理的な商業目的を有し,間接譲渡の課税規定に該当しない場合も,持分譲渡契約書や,間接譲渡に対する課税規定を適用しない理由説明書を中国税務局に自主提出することとなっています。

Column06　持分譲渡と出資者情報
　　　　　（日本の登記簿謄本にはなぜ出資者がない？）

1．持分譲渡（外国企業同士の決済の場合）

　日系企業の中国法人についても,持分譲渡やＭ＆Ａが増加しています。日本企業同士の譲渡の場合,双方の合意や契約,代金の決済は中国国外で完結することになり,中国からの代金の送金の手間等を考えると,中国企業と売買するより簡便な面があるといえます。ただ,一方で持分譲渡の手続は中国側で完了させなければ効力を発揮しませんし,当然ながら譲渡益に関する企業所得税の納税も行う必要があります。

2．譲渡者，譲受者の内外別特徴　（国外→国外，国外→国内，国内→国外）

項目	外→外	外→内	内→外
特徴	外国企業同士のため，交渉，決済，手続ともに簡便。	現地法人の属性が外資企業から内資企業へ変更となる。代金送金に外貨管理局の許可が必要。	現地法人の属性が内資企業から外資企業へ変更となる。
譲渡される中国企業の区分の変化	外資企業のまま。	内資企業へ変更。	外資企業へ変更。
代金決済	国外で可能。	中国へ送金。	中国から送金。
注意点	中国側で持分譲渡手続き，納税が要。	代金決済に注意。属性が変更。	属性が変更。内資限定の業種等でないか注意。DDの重要性。

3．意外にある譲渡したつもり…

　なお，外→外のパターンで意外にあるのが，売買を行った外国企業間では契約書を締結し，決済もしたので売買したつもりになっていたが，実際には現地で登記変更がされていなかったというものです。当然ながら現地の手続がなされていなければ，現地での持分譲渡変更に効力はありません。

4．日本の出資者情報（中華圏からの疑問—なぜ登記簿謄本にないか？—）

　なお，中国では出資者の情報は営業許可証等に記載されています。一方，日本では出資者情報は登記簿謄本にはなく，非上場企業の場合公的資料としては法人税法別表二に記載されるのみです。この点で面白いのは，中華圏の専門家の方から，「日本の登記簿謄本にはなぜ出資者情報がのってないの？　重要な情報なのに，どうやって確認するの？」という疑問を頂戴することです。言われてみれば一理あるかもしれません。

5 クロスボーダー再編

Q32 中国の特殊税務処理と日本の税制適格組織再編

CHAPTER 2

弊社は中国に複数法人を所有していますが，整理をしたいと考えています。中国でも合併手続があると聞きましたが，日本の法人税でいう適格税務処理のようなものはあるのでしょうか？
また，その適用にはどういった点に気を付ければよいでしょうか？

結論

中国にも合併等の組織再編制度はあります。また，日本の適格税務処理に相当する特殊税務処理という規定があり，当該規定の適用がある場合にのみ税務上の簿価での再編が可能となります。

なお，日本の適格税務処理は要件を満たした場合は強制適用ですが，中国の特殊税務処理は要件を満たした場合も任意適用です。

ポイント

① 中国にも簿価で組織再編を行う，特殊税務処理という税務規定があります。
② 特殊税務処理の要件は，商業合理性，租税回避目的でない，持分の継続保有などが要件となっています。
③ 会社法上，組織再編が行えるかどうかも確認が必要です。
④ 地域（省，市）をまたぐ合併等は，それぞれの地域で確認が必要です。
⑤ 中国の特殊税務処理は日本の適格税務処理と異なり，要件を満たしていても任意適用です。

解 説

　中国にも合併，分割等の組織再編行為は会社法に規定されており，また，税法上も要件に該当する場合には簿価での移転を可能とする特殊税務処理という制度が設けられています。

　特殊税務処理には，要件があり，合理的な商業目的や租税回避目的でないといった要件が定められています。また，税務処理以前に再編行為が会社法上可能かどうかも確認が必要です。①まず，法務上そもそも再編ができるかの確認を行い，②その後，税務上特殊税務処理に該当するかを確認する必要があります。

　手続的には，地域をまたぐ場合，それぞれの管轄当局で手続を確認し，進めていく必要があるため，地域が離れれば離れるほど煩雑になるのが実情です。

▌地域をまたぐ再編イメージ図

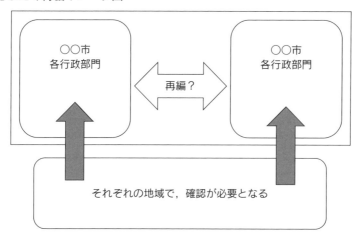

5 クロスボーダー再編

Q33 出資者である外国企業の株式を日本企業が自己株式の取得により買取りを行う場合の課税関係

CHAPTER 2

弊社の出資者の一部は外国企業です。このたび，業績が好調で資金も潤沢にあることから，資本関係を整理すべく，外国企業が有する弊社の出資持分を自己株式の買取りとして弊社が買い取ることを計画しています。他の出資者からの買取りではなく出資先法人が自己株式の取得により買い取ることにより，税務上注意すべき点はありますか？

結論

自己株式の取得は，資本などの金額を超える部分は，みなし配当として配当所得となります。非居住者の場合は，非居住者へ支払う国内配当所得に該当し，源泉徴収が必要となります。また，租税条約締結国の場合は，租税条約の適用がありますので，国内法より低い税率が規定されている国の場合，租税条約の適用に関する届出書を提出する必要があります。

ポイント

① 自己株の買取りの場合，譲渡者への課税は譲渡所得ではなく，配当所得として課税されることとなります。
② 非居住者からの買取りの場合，非居住者への国内源泉所得である配当所得の支払として，源泉徴収義務があります。
③ 自己株取得には一定の制限があります。
④ 当該所得については，外国企業の所在地国でも課税を受ける可能性があります。

解説

　自己株式の取得は，資本金等の金額を上回る部分はみなし配当として配当所得となります（所法25）。配当を受ける外国企業の居住国が日本との租税条約締結国である場合には，租税条約の適用に関する届出書を支払日までに提出する必要があります。

　また，自己株式の取得には会社法上，一定の制限があります（会社法461）。

　さらに，外国企業の所在地国でも，全世界所得課税で当該所得につき課税される可能性があります。

5 クロスボーダー再編

Q34 持分譲渡に伴うクロスボーダーの資金移動

CHAPTER 2

> 弊社の100％中国子会社を中国企業へ売却することとなりました。この場合，代金がなかなか送金できないケースもあると聞きましたが，なぜでしょうか？
> また，代金の支払で留意する点はどういったところでしょうか？

結 論

送金には外貨管理局の許可が必要となり，その許可に基づき現地銀行が送金を行うことになります。外貨管理はその時の当局の運用状況によっても実務的な審査の期間は異なりますので，審査等に時間はかかる場合はありますが，基本的には外貨管理局の許可がとれていれば最終的には送金できます。

ポイント

① 資本取引等の海外送金には外貨管理局の許可が必要となります。
② 実務的に，審査に要する時間は異なる場合があります。
③ 外貨管理局の許可には，工商局の持分譲渡変更後の営業許可証が必要です。
④ 代金が未収となるリスクを避けるため，エスクロー的な機能を有した銀行口座を利用して保全措置をとる場合もあります。

解 説

　中国企業が海外へ持分譲渡の対価を支払う場合の持分譲渡代金の送金は資本取引に該当し，外貨管理局の許可が必要になります。外貨管理局の審査には，契約書や，地域によっては持分譲渡変更後の営業許可証等が必要になり，審査通過後に送金できることとなります。実務的には審査の時間は，外部環境などにより異なる場合もありますが，基本的に正規の資料があれば送金できることとなります。

　なお，持分譲渡の営業許可証における出資者情報の書換えと，持分譲渡代金の送金までタイムラグがあることから，契約者間で合意してエスクロー的な機能を有した銀行口座等を利用することにより，代金の未収リスクを保全する措置がとられる場合もあります。

持分譲渡対価の送金順序イメージ図

6 移転価格税制・海外寄附金

Q35 はじめての移転価格文書化作成の留意点

CHAPTER 2

当社は日本の移転価格税制における移転価格文書の作成義務が適用除外とされる法人に該当しますが，このたび，当社のベトナム子会社から現地の法令により事業概況報告事項（マスターファイル）と独立企業間価格を算定するために必要な書類（ローカルファイル）を作成・準備する必要がある旨の連絡を受けました。

当社は，移転価格文書をこれまで作成したことがなく，親会社としてどこから着手したらいいのかもわかりません。移転価格文書を作成するに際しての留意点を教えてください。

結論

日本の移転価格税制における文書化制度は，連結グループの年間収入額が1,000億円未満の場合，国別報告書及びマスターファイルの作成義務が免除されます。また，個々の国外関連取引の年間の合計額が棚卸資産については50億円，かつ，無形資産取引については3億円未満の場合はローカルファイルの作成義務も免除されます。

しかし，移転価格の文書化義務の要件は各国ごとに異なり，設例にあるベトナムやインドネシアなどの新興国のなかには取引金額などの文書化義務の判定基準のバーが数億円の国もあります。したがって，移転価格文書をこれまで作成したことがない法人にあっては海外の子会社で移転価格文書の作成義務が課されることに大きなとまどいが生じることもあるでしょう。そうしたなかで移転価格文書を作成するうえでの留意点として，次の3つの留意点が挙げられます。

① 国外関連者との棚卸資産取引，有形資産取引，金融取引，無形資産取引

及び役務提供取引と各国外関連取引の値決めの方針の整理
② 各国外関連取引に係る各当事者の機能・リスクの整理，当該機能・リスクの配分状況と実際の利益配分状況の整合性の検証
③ 経済評価（例：海外上場企業の公開データを基に比較可能な外部情報の検索とその検索による経済分析資料（比較対象会社と比較利益指標などの選定））の作成

このうち，上記①の場合は国外関連取引に係る値決めの方針がない，あいまいなケースが挙げられます。②の場合は，機能リスクの配分状況と実際の利益配分状況に差異があっても，その差異の理由がきちんと説明できないことが挙げられ，③の場合は，経済評価を行うに際して，会社の価格政策と移転価格算定方法（原価基準法，取引単位営業利益法など）の選定が合致していない場合に文書化の準備自体のアプローチが異なってくることに留意が必要となります。

ポイント

① マスターファイルと国別報告書の作成は，連結グループの年間の収入金額が1,000億円の基準を下回れば免除されますが，ローカルファイルについては，確定申告書の提出期限までに文書を作成・保存することが免除されるだけです。
② 国外関連者の現地における移転価格文書の作成義務は，現地の法制度に委ねられています。
③ 移転価格文書の作成に際して，国外関連取引の内容と移転価格方針の検証，各国外関連取引に係る各社の機能・リスク分析ができており，実際の各社の利益の配分状況と機能・リスクの配分状況の整合性の検証ができているか否か。

解 説

1　移転価格税制に係る文書化制度

移転価格文書化規定のなかで，移転価格文書化の目的は以下の3つとされています。

① 納税者における移転価格に関するコンプライアンス確保
② 税務当局による移転価格リスク評価のための情報提供（調査対象企業，取引の選定）
③ 税務当局による移転価格調査のための情報提供（移転価格調査の実施）

上記の目的のため，マスターファイル（事業概況報告事項），国別報告書及びローカルファイル（独立企業間価格を算定するために必要な書類）の3つの文書化制度が整備されました。

マスターファイル	・企業グループ全体に共通する事項 ・事業活動や移転価格ポリシーに関する情報を提供するもの
国別報告書	・企業グループの国別での財務情報・事業活動等
ローカルファイル	・グループ会社各社が行う関連者間取引の情報

　これら文書の作成義務の適用除外も定められており，連結グループの年間の収入金額（例えば，連結財務諸表を作成している場合，その財務諸表に計上した全ての収益）が1,000億円未満の場合は，マスターファイルと国別報告書の作成義務が免除されます。ローカルファイルの文書化制度については，一の国外関連者との取引が年間50億円未満，かつ，無形資産取引が3億円未満の場合，その1の国外関連者との取引に係るローカルファイルを確定申告書の提出期限まで

に作成・保存する義務が免除されます。しかし，課税庁からローカルファイルに相当する書類の提示・提出が求められた場合，それらの書類を提示・提出する必要があります。マスターファイルと国別報告書の適用除外と異なり，作成義務が免除されるものではありません。

2 国外関連者の移転価格税制に係る文書化制度

　国外関連者の居住地国が日本と租税条約を締結し，適格当局間合意を有している場合には，租税条約等に基づく情報交換制度を通じて国別報告書を提供することになります。この場合，日本の適用除外基準により国別報告書の作成義務が免除される場合，国外関連者の居住地国の税務当局にも国別報告書の提供義務はありません。

　しかし，適格合意等がない場合は，国外関連者の居住地国の法制度に委ねられ，例えば，ベトナムのマスターファイルとローカルファイルの文書化義務の基準は，国外関連者の年間の売上高が500億ベトナムドン未満，かつ，年間の関連者間取引が300億ベトナムドン未満でないと免除されません。また，インドネシアのマスターファイルとローカルファイルの文書化義務の基準は，国外関連者の年間の収入金額が500億インドネシアルピア以下，関連者との年間の有形資産の取引金額が200億インドネシアルピア以下，若しくはその他の取引金額が50億インドネシアルピア以下でないと免除されません。

　したがって，当社は日本の税制において，移転価格文書の作成義務はなくても，ベトナム現地の移転価格文書の法令により，ベトナム子会社はマスターファイルとローカルファイルを作成する必要が生じます。

3 移転価格文書の作成の考え方（ローカルファイルの場合）

（1）移転価格税制対応上の課題の洗い出し

　ローカルファイルには，グループ会社各社が行う関連者間取引の情報を記載しますが，文書の作成に際して，事前に関連グループ組織と業務内容，グループ内取引の内容と移転価格の方針の有無及び主要取引の性格（第三者間取引状況，

コミッション契約，ライセンス契約等の整備運用状況）と移転価格の方針などの検証，確認を行うことが重要となります。これらの検証と確認を行うことで当社の移転価格税制対応上のリスクと重要課題を洗い出すことができます。

(2) 取引関連者の機能・リスク分析と移転価格方針

関連各社の機能・リスク分析，各社の商品・製品別の利益配分状況の分析から，機能・リスクの分配状況と実際の利益配分状況の整合性の検証を行います。これらの分析と検証により当社の過去・現在・将来の価格政策との整合性の観点から，当社が採用すべき移転価格基本方針，移転価格算定方法が見えてきます。

(3) 経済評価（比較対象会社及び比較利益指標の選定）

移転価格文書化の準備は，移転価格基本方針によって異なってきます。

比較対象会社及び利益指標の選定は，海外上場企業の年度報告書など公開データをベースとした比較可能な外部情報を検索して行います。例えば，製造子会社の場合，原価基準法あるいは取引単位営業利益法などが移転価格算定方法として一般的に使用されますが，残余利益分割法など他の移転価格算定方法を使用する場合，文書化の準備のアプローチも文書作成に係る負担も異なってくるため，事前に移転価格算定方法の選定を検証しておくとことが重要となります。

6 移転価格税制・海外寄附金

Q36　移転価格文書化の概要

CHAPTER 2

当社は製造業の日本法人A社で，100％子会社として中国法人B社を有しています。日本において，移転価格文書の作成が義務となっているようですが，具体的にどのような書類を作成する必要があるのでしょうか？

なお，A社の概要は次のとおりです。

(1) A社の直近の連結売上高合計は1,200億円です。
(2) A社において，B社に対する売上高は40億円，B社からの仕入高は，30億円です。
(3) 事前確認制度（APA：Advanced Pricing Agreement）への署名は行っていません。

結論

　日本法人A社において，直前会計年度の連結総収入金額が1,000億円以上であるため，最終親会社等届出事項，国別報告事項（CbCレポート），事業概況報告事項（マスターファイル）の作成が必要です。

　また，日本法人A社において，100％子会社である中国法人B社との取引金額（受払合計）が，40＋30＝70億円であり，50億円を超えているため，独立企業間価格を算定するために必要と認められる書類（ローカルファイル）の作成が必要です。

ポイント

① 構成会社等の居住地国が2以上あり，直前の最終親会計年度の連結総収入額が1,000億円以上の特定多国籍企業グループに該当する場合，最終親会社等届出事項，国別報告事項（CbCレポート），事業概況報告事項（マスターファイル）の作成・提出が必要となります（措法66の4の4④二・三，措法66の4の4①⑤，措法66の4の5①）。

② 一の国外関連者との取引において，前事業年度の①取引高（受払合計）が50億円以上，又は無形資産取引高（受払合計）が3億円以上の場合，独立企業間価格を算定するために必要と認められる書類（ローカルファイル）の作成が必要となります（措法66の4⑥⑦）。

解説

1 日本における移転価格税制

移転価格税制とは，法人が，国外関連者との間で行った国外関連取引で受取対価が独立企業間価格に満たない場合，又は支払対価が独立企業間価格を超える場合，法人税の所得計算上，当該国外関連取引は，独立企業間価格で行われたものとみなす制度をいいます（措法66の4①）。

2 移転価格税制上の文書化

独立企業間価格を算定するために必要と認められる書類を作成・保存する必要があります（措法66の4⑥）。ただし，国外関連取引の規模が，一定水準に満たない場合，作成・保存義務が課せられません（措法66の4⑦）。

（1）多国籍企業グループが作成する文書について

構成会社等の居住地国が2以上あり，直前の最終親会計年度の連結総収入額

が1,000億円以上の「特定多国籍企業グループ」（措法66の4の4④二・三）に該当する場合，最終親会社等届出事項，国別報告事項（CbCレポート），事業概況報告事項（マスターファイル）の作成・提出が必要となります。

最終親会社等届出事項とは，最終親会社等に関する情報（名称，本店所在地，法人番号，代表者の氏名）を，最終親会計年度の終了の日までにe-Taxで提出するものです（措法66の4の4⑤）。

国別報告事項（CbCレポート）とは，特定多国籍企業グループの構成会社等の事業が行われる国・地域ごとの収入金額・税引前当期利益の額や，構成会社等の名称・主要な事業活動（研究開発，知財の保有・管理など）を，最終親会計年度の終了の日の翌日から1年以内にe-Taxで提出するものです（措法66の4の4①）。

事業概況報告事項（マスターファイル）とは，特定多国籍企業グループの組織構造，事業の概要，財務状況など（措規22の10の5①各号）を，最終親会計年度の終了の日の翌日から1年以内にe-Taxで提出するものです（措法66の4の5①）。

（2）国外関連取引を行った法人が作成する文書について

一の国外関連者との取引において，前事業年度の①取引高（受払合計）が50億円以上，又は無形資産取引高（受払合計）が3億円以上の場合，独立企業間価格を算定するために必要と認められる書類（ローカルファイル）の作成が必要となります（措法66の4⑥⑦）。

独立企業間価格を算定するために必要と認められる書類（ローカルファイル）とは，当該法人と国外関連者の概要，国外関連取引の詳細，当該法人と国外関連者との機能・リスク，事業方針，市場分析，独立企業間価格の算定方法などについて記載したもので，原則として確定申告書の作成期限の翌日から7年間保存が求められます（措規22の10②③）

6 移転価格税制・海外寄附金

Q37　取引単位営業利益率法の概要
CHAPTER 2

　移転価格税制における独立企業間価格の算定方法として，取引単位営業利益率法（TNMM）が実務上よく用いられていると聞きましたが，どのような方法でしょうか。

結　論

　取引単位営業利益率法は，公開情報による比較対象取引の営業利益率に基づき国外関連取引の独立企業間価格を算定する方法です。取引単位営業利益率法は，比較対象企業の利益率を用いるため適用しやすく，また企業データベースなどの公開情報に基づくため，納税者が容易にその情報にアクセスでき，実務で広範に用いられています。

ポイント

　取引単位営業利益率法は，企業データベースなどの公開情報を用いるため，納税者が容易にその情報にアクセスでき，納税者の「予見可能性」が高い算定方法です。また，国外関連者の機能・リスクが単純であり，重要な無形資産の形成に貢献していない場合，適用することができます。

解　説

　取引単位営業利益率法は，公開情報による比較対象取引の営業利益率に基づ

き国外関連取引の独立企業間価格を算定する方法です。この算定方法は Transactional Net Margin Method，略して TNMM ともいわれます。

TNMM において，法人が国外関連者から棚卸資産を購入し，これを非関連者に販売する取引の場合，売上高営業利益率を用いて独立企業間価格を算定します（措令 39 の 12 ⑧二）。また，法人が非関連者から棚卸資産を購入して，これを国外関連者に再販売する場合，総費用営業利益率を用いて独立企業間価格を算定します（措令 39 の 12 ⑧三）。営業費用売上総利益率法（いわゆるベリー比）も利益水準指標として認められています（措令 39 の 12 ⑧四・五）。これは，商社などの無形資産を使用せず限定的なリスクを負う販売取引など，営業費用と売上総利益の相関関係の高い取引に適した算定方法です。

TNMM のメリットは，企業データベースなどの公開情報を用いるため，納税者が容易にその情報にアクセスでき，納税者の「予見可能性」が高い点です。TNMM のデメリットは，国外関連者の機能・リスクが単純ではなく，重要な無形資産の形成に貢献している場合において，適用できない点です。TNMM は，国外関連者の機能・リスクが単純であり，重要な無形資産の形成に貢献していない場合，適用することができます。しかし，国外関連者自身で研究開発を行いノウハウを蓄積している場合や，外国企業を買収した場合など，国外関連者が重要な無形資産の形成に貢献している場合，TNMM を適用することはできません。

TNMM を適用した場合，比較対象企業の選定方法，独立企業間価格の検証方法は，はじめに定量分析として，企業情報データベースを用い，当該法人と類似する比較対象企業を絞り込みます。具体的に，上場・非上場，市場（国・地域），業種，事業規模，研究開発比率，販管費率，黒字企業に限る点，独立性などの指標に基づき，絞り込みを行います。その後，定性分析として，IR 情報や HP 情報などの公開情報を確認し，事業内容，機能・リスクなどの異同を検討し，さらなる絞り込みを行います。比較対象企業の営業利益率のレンジ（実務上は四分位レンジが通例）を示し，国外関連者（取引）の営業利益率がレンジのなかに収まるか検証を行います。

6 移転価格税制・海外寄附金

Q38　残余利益分割法の概要
CHAPTER 2

国外関連者が重要な無形資産の形成に貢献している場合，国外関連者の機能・リスクが単純とはいえず，TNMM が適用できない場合，どのように独立企業間価格を算定すればいいでしょうか。

結論

残余利益分割法が，独立企業間価格の有効な算定方法となる場合があります。

ポイント

残余利益分割法とは，法人と国外関連者が国外関連取引において両者が独自の機能を有する場合，残余利益をそれぞれの有する独自の機能の価値に応じて分割する方法です。国外関連者が重要な無形資産の形成に貢献している場合，TNMM など他の算定方法の適用が難しい場合が多く，残余利益分割法に基づく算定を検討することとなります。

解説

利益分割法とは，法人と国外関連者が国外関連取引により生じた営業利益を，両者がその営業利益の発生に貢献した程度に応じて分割し，独立企業間価格を算定する方法です。この算定方法は Profit Split Method，略して PS 法ともいわれます。

利益分割法には，3つの算定方法があります。

寄与度利益分割法とは，法人と国外関連者とが国外関連取引により生じた利益を合算し，両者の要因に応じて分割する方法です（措令39の12⑧一ロ）。

残余利益分割法とは，法人と国外関連者が国外関連取引において両者が独自の機能を有する場合，残余利益をそれぞれの有する独自の機能の価値に応じて分割する方法です（措令39の12⑧一ハ）。Residual Profit Split Method，略してRPS法ともいわれます。法人と国外関連者が国外関連取引により得た利益の合計額（合算利益）から，それぞれの通常利益を算定し，その各通常利益を控除して得た残余利益（超過利益）を，それぞれの独自の機能の価値に応じて分割し，独立企業間価格を算定します。

比較利益分割法とは，同種又は類似の棚卸資産の取引を行う非関連者の利益の配分割合を法人と国外関連者に当てはめ，両者の帰属利益を算定する方法です（措令39の12⑧一イ）。この方法は実務においてあまり使われません。

利益分割法のメリットは，比較対象企業（取引）が取得できないなどTNMMなど他の算定方法の適用が難しい場合，独立企業間価格の有効な算定方法となる場合があります。

また，法人と国外関連者の双方に重要な無形資産の形成などの貢献がある場合，残余利益分割法が独立企業間価格の有効な算定方法となります。

6 移転価格税制・海外寄附金

Q39 ベトナムにおける移転価格文書の作成

CHAPTER 2

当社はベトナム法人A社を有している製造業です。ベトナムでは関連者間取引に関する移転価格文書の作成が義務となっているようですが，具体的にどのような書類を作成する必要があるのでしょうか？

なお，ベトナム法人A社の概要は次のとおりです。

(1) A社の年間売上高合計は3,000億ベトナムドン（VND）であり，そのうち2,500億ベトナムドンが当社に対する売上です。
(2) 事前確認制度（APA：Advanced Pricing Agreement）への署名は行っていません。
(3) 当社は日本において移転価格文書の作成義務を有していません。

結論

ベトナム法人A社において国別報告書については作成する義務はありませんが，移転価格に関するマスターファイル及びローカルファイルを作成する必要があります。ベトナム税務当局に対し，国別報告書を提出しない旨の書類を提出する必要があります。

また，法人税確定申告書に添付して移転価格に関する税務申告書を提出する必要があります。

ポイント

① ベトナムでは原則として移転価格に関するマスターファイル，ローカル

ファイル及び国別報告書を作成する必要があります。ただし，一定の場合には各文書の作成義務が免除されます。
② 上記①の各書類は法人税確定申告書を提出するまでに作成する必要があります。
③ 上記①の各書類とは別に，移転価格に関する申告書を作成し，毎年の法人税確定申告時に添付する必要があります。

解説

1 ベトナムにおける移転価格税制

ベトナムでは2005年12月に移転価格に関する通達第117/2005/TT-BTC号が公布されて以降，移転価格税制の執行は年々強化されています。2018年12月現在，移転価格に関する主な法令としては政令第20/2017/ND-CP号及び同政令の細則を定める41/2017/TT-BTC号があります。

2 ベトナムにおいて要求される申告及び移転価格文書

(1) 移転価格文書

ベトナムでは法人税確定申告書を提出するまでにベトナム語にて下記(3)の移転価格文書を作成する必要があります。確定申告時に当該移転価格文書を添付して提出する必要はありませんが，税務当局が提出を求めた場合には，15営業日以内（税務調査時の場合。それ以外の場合は30営業日）に提出しなければなりません。

(2) 移転価格に関する申告

関連者との取引がある企業は，移転価格申告書を毎年法人税確定申告時に添付しなければなりません。移転価格申告書の様式は政令第20/2017/ND-CP号にて定められており，下記の内容となっています。

様式1	関連者及び関連者間取引に関する情報
様式2	ローカルファイルに関する情報
様式3	マスターファイルに関する情報
様式4	国別報告書に関する情報

3　ベトナムおいて作成が要求される移転価格文書

ベトナムにおいては，マスターファイル，ローカルファイル及び国別報告書を移転価格文書として作成する必要があります。

(1) マスターファイル

グループの活動の全体像に関する情報を記載した文書です。グループの組織構造や事業活動，企業グループにて所有されている無形資産の内容などを記載します。

(2) ローカルファイル

関連者間取引における独立企業間価格を算定するための詳細な情報を記載した文書です。対象会社に関する情報や関連者及び関連者間取引の概要，関連者間取引に関する移転価格算定方法などを記載します。

(3) 国別報告書

国別の活動状況に関する情報を記載した文書です。納税地別の収益や納税額などを記載します。

4　ベトナムにおける文書化免除要件

次のいずれかの要件を満たす場合には文書化義務が免除されます。

① 売上高が500億ベトナムドン未満であり，かつ関連者間取引総額が300億ベトナムドン未満である場合

② 事前確認制度（APA）に署名している場合（年次報告書を適切に提出している場合に限る）

③ 売上高が2,000億ベトナムドン未満で次の要件を満たす場合

イ 単純な機能のみを有し,無形資産を使用していない。
ロ 売上高 EBIT(利息支払・税引前利益)が業種ごとに定められた下記の割合以上である場合

$$\text{EBIT} \div \text{売上高} \geq \begin{cases} \text{販売業} & 5\% \\ \text{製造業} & 10\% \\ \text{加工業} & 15\% \end{cases}$$

また,上記に加え,国別報告書については次の場合においても文書化義務が免除されます。

① 納税者がベトナム国外に最終親会社を有している場合

最終親会社がその所在地国で国別報告書を税務当局に提出する義務がない場合,国別報告書の作成が免除されます。ただし,その場合はベトナム税務当局に国別報告書を提出しない旨を書面にて説明する資料を提出しなければなりません。

② 最終親会社がベトナム会社の場合

最終親会社の連結売上高が18兆ベトナムドン未満である場合,国別報告書の作成が免除されます。

6 移転価格税制・海外寄附金

Q40　企業グループ内役務提供に対する対価

CHAPTER 2

　当社（日本法人）の海外子会社は管理系の業務（会計税務業務，経営管理業務，情報システム管理，法務管理等）について，日常発生する基本的な業務は実施できる体制となっています。しかし，日常業務以外の特殊な管理業務やグループ全体で管理していている業務（予算管理，グループ共通システム運用保守等）については，海外子会社に関連することも含め全て当社で対応を行っています。これらの業務について，海外子会社に対して対価の請求はしていません。対価の請求をすべきでしょうか。

結　論

　当社で行っている海外子会社に対する管理業務については，海外子会社の運営上必要な業務であり，仮に当社が当該管理業務を行わなかった場合には，海外子会社自らが当該業務を実施するものと考えられます。このため，海外子会社にとって経済的又は商業的価値を有するものと考えられますので，適正な対価を請求する必要があります。適正な対価を収受しない場合，国外関連者への寄附金として課税される可能性があります。

　当該管理業務が一定の要件を満たしている場合には，低付加価値企業グループ内役務提供（以下，「低付加価値IGS」）として，当該管理業務に要した費用（総原価）に5％の利益を上乗せした価格を適正な対価とすることが可能です。なお，対価を請求するにあたって，当該管理業務に関する内容や，対価の計算過程等の一定の事項を記載した書類を作成し保存していることが必要となります。

ポイント

① 海外子会社に対する役務提供について対価を収受すべきものであるかどうかは，当該役務提供が海外子会社にとって経済的又は商業的価値を有するものかどうかで判断します。
② 当該役務提供に対する適正な対価を請求しない場合は，国外関連者への寄附金として課税される可能性があります。
③ 適正な対価の額は，原則的には通常の移転価格算定方法と同様に，比較対象取引を選定して独立企業間価格を算定する必要がありますが，当該役務提供について一定の要件を満たした場合は，低付加価値 IGS として「総原価＋5％」を独立企業間価格とすることができます。
④ 上記③の「総原価＋5％」を独立企業間価格とする場合には，当該管理業務に関する内容や，対価の計算過程等の一定の事項を記載した書類を作成保存していることが必要です。

解説

1 国外関連者に対する役務提供について対価を収受すべきか否かの判断

国外関連者に対する役務提供について，当該役務提供が国外関連者にとって経済的又は商業的価値を有する場合は対価を収受する必要があります。

具体的には，以下の2つの要素により判断します（移転価格事務運営要領3-9(1)）。

① 法人が当該活動を行わなかったとした場合に，国外関連者が自ら当該活動と同様の活動を行う必要があるか
② 非関連者が他の非関連者から法人が行う活動と内容，時期，期間その他の条件が同様である活動を受けた場合に対価を支払うか

上記の法人が行う活動には，国外関連者の要請に応じて定常的に当該活動に必要な人員や設備等を利用可能な状態に維持している場合も含まれます。

一方，以下の役務提供については，対価を収受すべき役務提供には該当しません。

(1) 重複活動（移転価格事務運営要領3-9(2)）

法人が行う活動と非関連者が国外関連者に対して行う活動又は国外関連者が自らのために行う活動との間で，その内容において重複（一時的に生ずるもの及び事実判断の誤りに係るリスクを軽減させるために生ずるものを除く）のある活動

(2) 株主活動（移転価格事務運営要領3-9(3)）

国外関連者の株主又は出資者としての地位を有する親会社が行う活動であって，例えば次に掲げるもの

① 親会社の株主総会の開催，株式発行等，親会社に係る組織上の活動であって親会社が遵守すべき法令に基づいて行う活動

② 親会社が金融商品取引法の有価証券報告書を作成するための活動　他

2　役務提供に関する適正な対価の額

国外関連者に対する役務提供の対価の額は，原則として比較対象取引を選定して独立企業間価格を算定する必要があります。ただし，低付加価値IGSとして，「移転価格事務運営要領3-10(1)」の各要件を満たす場合には，当該役務提供に係る総原価を当該役務提供に係る従事者の割合，資産の使用割合その他合理的な方法により按分した額に5％の利益を上乗せした価格を独立企業間価格とすることが可能です。

「移転価格事務運営要領3-10(1)」の主な要件は以下のとおりです。

① 当該役務提供が支援的な性質のものであり，中核的事業に直接関連しないこと

② 当該役務提供において無形資産を使用していないこと

③ 当該役務提供において，重要なリスクの引受け・管理・創出を行っていないこと

④ 当該役務提供が，研究開発，製造，販売，原材料購入，マーケティング等でないこと
⑤ 当該役務提供と同種の役務提供が非関連者との間で行われていないこと
⑥ 当該役務提供に関する当事者名，契約内容，対価の計算過程等を記載した書類を作成保存していること

なお，役務提供の対価について，「移転価格事務運営要領3-10（2），（3）」により総原価の額を独立企業間価格とすることも方法も考えられますが，これらの方法はあくまでも税務調査において国税当局が選択可能な方法となります。このため，総原価の額を独立企業間価格とした場合，税務調査で問題なしとされる可能性はありますが，納税者の立場としては，低付加価値IGSとして「総原価＋5％」による対価設定を検討することが望ましいと考えます。

3　本ケースへの当てはめ

当社が海外子会社に提供している管理業務については，海外子会社の運営上必要な業務であり，仮に当社が当該管理業務を行わなかった場合には，海外子会社自らが当該業務を実施するものと考えられます。このため，当社が行う海外子会社への管理業務の提供については，海外子会社にとって経済的価値があり，適正な対価を請求する必要があります。

また，当該役務提供について，「移転価格事務運営要領3-10（1）」の各要件を満たした場合，簡便法として「総原価＋5％」を適正な対価とすることが可能です。当該対価の設定方法は，OECD移転価格ガイドラインのパラグラフ7.45の低付加価値IGSの独立企業間価格の算定方法とほとんど同様のものですが，海外子会社の現地国で当該対価の設定が認められない可能性があります。例えば，中国では非貿易取引で対外送金額が5万米ドルを超える場合には，所管税務局での事前の届出が必要となり，その際に役務提供の内容や金額の妥当性について確認が行われ，対価の支払が認められない可能性があります。

このように，海外子会社側での対価の支払方法や移転価格リスクについても検討する必要があることに留意が必要です。

6 移転価格税制・海外寄附金

Q41 海外子会社に対する価格調整金を授受する際の留意点

CHAPTER 2

当社（日本法人）は日本で製品Xを製造し，海外子会社のS社に製品Xを販売しています。その後，S社では製品Xに簡単な加工等を行い，海外子会社所在国の第三者に製品Xを販売しています。製品Xの販売取引に関する移転価格算定方法としては，S社の売上高営業利益率を対象とする取引単位営業利益法（以下，「TNMM」と記載）を採用しています。S社の売上高営業利益率は，製品Xの販売数量や為替の影響等により増減し，比較対象取引から算出した同指標の水準から外れる可能性があります。このため，製品Xの販売取引に関して，S社の売上高営業利益率の実績値が比較対象取引の水準から外れた場合に，当社とS社の間で価格調整金を支払うことを検討しています。

価格調整金を導入することに関する留意点を教えてください（S社の所在国での税務上の取扱いは除く）。

結論

当社からの価格調整金の支払が，合理的な理由に基づく製品Xの取引価格の修正と認められない場合には，国外関連者（S社）への寄附金とみなされ，支払額が全額損金不算入となる可能性があることに留意が必要です（移転価格事務運営要領3-20）。一方，当社が価格調整金を受け取る場合については，S社のモチベーション低下について留意が必要です。

ポイント

① 価格調整金の支払が合理的な理由に基づくものとされる要件

価格調整金の支払が合理的な理由として認められるには、価格調整金に関する契約等を事前に当事者間で締結し、「1. 当該支払等に係る理由, 2. 事前の取決めの内容, 3. 算定の方法及び計算根拠, 4. 当該支払等を決定した日, 5. 当該支払等をした日等」を総合的に勘案して検討する必要があります（移転価格事務運営要領3-20）。

② 定期的な子会社の損益数値の把握

価格調整金の支払が大きいとＳ社への寄附金とされた場合の課税額が多額となるため、定期的（例えば四半期に一度）にＳ社の損益状況を把握し、その都度価格調整金の支払や製品Ｘの取引価格の調整を行うことが望ましいといえます。

③ Ｓ社におけるモチベーションの低下

Ｓ社の経営努力により業績が良化しても、価格調整金を支払うことによりＳ社の利益指標が低下することから、Ｓ社のモチベーション悪化が懸念されます。その対策として、実際の損益計算と業績評価の損益計算を分ける事等が考えられます。

解説

1　日本における寄附金課税への対応

前述のとおり、価格調整金の支払が、合理的な理由に基づく製品Ｘの取引価格の修正と認められない場合には、国外関連者（Ｓ社）への寄附金とみなされ、支払額が全額損金不算入となる可能性があります（移転価格事務運営要領3-20）。合理的な理由に基づくものかは、「ポイント①」に記載の5つの項目を総合的に勘案して検討されます。このため、例えば、以下のような場合は、価格調整金が寄附金として認定されるリスクがあると考えられます。

① 価格調整金に関する事前の取決めがない場合

② 価格調整金の支払について当事者間の合意が行われていない場合
③ 価格調整金を子会社に対する財務支援を目的としている場合
④ 価格調整金の計算が独立企業間価格の算定に基づいて行われていない場合
⑤ 価格調整金の計算根拠がない場合
⑥ 価格調整金の支払決定及び支払実施が適時に実施されていない場合
⑦ 過年度に係る取引価格を事後に価格調整金として調整している場合

2 定期的な子会社の損益数値の把握

S社の損益の検証を期末のみに行う場合,価格調整金の支払金額が多額となり,寄附金として認定された場合の課税額が多額になります。また,S社から価格調整金を受け取る場合でも,価格調整金が多額な場合,S社からの支払自体が困難になる可能性があります。このため,実務上煩雑にならない程度(四半期や半期ごと)に価格調整金の支払や製品の取引価格の変更を行えるように契約書等で定めておくことが必要です。なお,価格調整金の支払を行う頻度については税法上の規制はありません。

3 S社におけるモチベーションの低下

S社の経営努力により業績が良化した場合でも,比較対象企業の売上高営業利益率のレンジに収まるようにS社は価格調整金を支払うことになります。そうすると,S社の経営努力に関する利益増加を当社が享受することになり,S社の業績改善に対するモチベーションの低下が懸念されます。一方,移転価格算定方法としてTNMMを採用している以上,価格調整金を収受しないと当社に移転価格の課税リスクが生じます。これらの問題への対処として,S社に対して,当社グループの移転価格に関するポリシーを理解してもらうとともに,S社の業績評価の指標として,売上高営業利益率以外の指標(例えば,価格調整前の売上高営業利益率,売上高等)を設定することが考えられます。

6 移転価格税制・海外寄附金

Q42 中国子会社からのロイヤリティーの送金と技術先進企業認定

CHAPTER 2

弊社中国子会社は従来から日本親会社へ技術ロイヤリティーを送金しています。また，昨年，税法上，技術先進企業の認定を受け，企業所得税法上の優遇措置の適用を受けました。ところが本年の中国での税務調査で「技術先進企業なのにこのような高額のロイヤリティーを支払うのはおかしい」という指摘を受けました。これはどうしてでしょうか？

結論

技術先進企業認定は税法上の優遇措置であり，高度な核心技術を有する企業であるため，優遇税率等の適用があるという趣旨のものです。ゆえに，既に高度な技術を有している中国現地法人がなぜ，技術ロイヤリティーを日本企業に支払うのかという観点からの疑義で，実務上よく見られる指摘です。先進技術を既に有している中国子会社がなぜまたロイヤリティーを支払う必要があるか，税務局へ合理性のある説明が必要ですし，場合によっては優遇適用を取り下げる対応も考えられます。

ポイント

① 技術先進企業認定の優遇は中国企業が先進技術を自ら有していることが要件になっています。
② 先進技術を有している企業がさらに技術ロイヤリティーを支払うことについて，合理性が乏しいのではと中国課税当局から指摘される場合もあり

ます。
③ 対処方法としては，合理性についての説明や，場合によっては技術先進企業認定の取り下げも考えられます。

解説

　技術先進企業認定は，企業所得税法に定められた優遇措置です。先進的なコア技術を有する企業等に該当する場合，技術先進企業として認定し，企業所得税の優遇税率（通常25％が15％に）の適用を受けさせるという取扱いになっています（技術先進企業認定管理弁法，2016年国科発火32号）。ゆえに，ロイヤリティーを支払っている場合，当該実態と矛盾するのではと課税当局から指摘が入る場合があります。

　対応方法としては，自己の先進技術を有していても海外へ技術ロイヤリティーを支払う合理性がある場合，客観的資料等を準備して課税当局に合理性を説明するといった対応が考えられます。

　また，技術先進企業認定を受けると通常の企業よりもロイヤリティーの損金性が認められにくくなるという面はありますので，日本親会社のロイヤリティー回収の必要性の強さを鑑み，状況によってはグループ全体の優先順位を検討して技術先進企業認定の優遇の適用を取り止めることも選択肢としては考えられます。

6 移転価格税制・海外寄附金

Q43　中国の移転価格文書
CHAPTER 2

　弊社の中国子会社から移転価格同期文書の作成の必要があると報告があがってきました。しかし，弊社の中国子会社の関連会社取引はそれ程金額が大きくありません。なぜ，同期文書の作成義務があるのでしょうか？
　また，中国の移転価格文書の作成要件はどのようになっていますか？

結論

　中国の税法にも移転価格文書化作成義務規定があります。日本よりも文書作成義務化の歴史は古く，文書化準備義務は2009年から規定されていますが，その要件は関連会社取引2億元以上等です。しかし，中国法人が単一機能で損失計上となっている場合も作成義務があったため，少なくない数の日系企業が移転価格文書を既に作成しています。

　また，日本の移転価格文書が法人税法で義務化されたのは平成28年からですが（措法66の4⑥），中国では2009年から一定の要件に該当した場合は文書作成が義務だったため，日本親会社が知らないうちに，中国子会社が提出している場合もあります。その場合は，日本親会社の作成する移転価格文書と中国で提出している移転価格文書の整合性について注意が必要となります。

ポイント

①　中国にも移転価格文書作成制度はあり，ローカルファイル，マスター

ファイル，国別報告書の作成義務があります。
② 現在のローカルファイルに相当するものは，要件に該当した企業は2009年より作成義務があり，準備義務化は日本より先行しています。
③ 作成義務が2009年からあったため，日本親会社が作成していないが中国で移転価格文書を作成しているというケースも多くあります。
④ 既に中国子会社で作成済みの後に，日本親会社で作成するケースも考えられます。その場合，中国子会社との内容の整合性に注意する必要があります。

解説

移転価格同期文書は日本の法人税でも平成28年以降，準備が義務付けられましたが，諸外国でも準備義務がある国は多く，日本と並行して各国でも各国の税法に従い準備をする必要があります。中国では2009年からローカルファイルに相当する文書が要件に該当した場合，準備義務があり（特別納税調整実施弁法 2009年国税発第002号通達），相当数の日系中国法人が作成をしていました。

作成をしていなければペナルティが大きいため，「まずはとにかく作成を」と，本来は日本親会社との打ち合わせや情報が必要であるはずの移転価格文書について，中国側のみで現地会計事務所等に依頼して作成している場合もあります。その後，日本の法人税でも移転価格文書作成が義務化され，日本親会社でも作成する必要が生じるケースがありますが，その場合，既に海外子会社で作成した移転価格文書との整合性に注意する必要があります。

Column07　香港拠点の税務上のメリット（イメージと現実）

1. 日系企業の香港拠点　大陸への入り口（歴史的経緯）
　中国の経済発展は南から始まったとされ，香港デルタ地域と呼ばれる地域は中国を加工貿易基地として使う来料加工貿易，進料加工貿易が盛んに行われ，中国の経済発展の出発点となりました。香港はそうした加工貿易の入り口として，多くの日系法人が設立されました。

2. デルタ地域保税加工の隆盛と終焉
　香港法人等が工場を賃貸して行う法人格のない大陸来料加工工場の設立もこの時期に始まったものです。ただ，中国の経済発展に伴い，賃金の上昇による単純労働の下請け工場としての意味は薄れ，また中国政府もより付加価値の高い産業への転換を図るため来料加工工場の現地法人への転換を促す政策をとりました。当該政策により2012年までに，来料加工工場は現地法人化するのが望ましいとされ，多くの企業が現地法人化又は内資企業への製造委託に形態変更をしました。

3. タックスメリット
　香港の税務面での大きな特徴としては，簡素な法制度，低い税率のほか，
　① キャピタルゲイン課税がない
　② オフショア課税がない
　③ 中国，香港間の配当等の税率が低い
という点があげられます。ただし，当該メリットを享受するためには，香港法人単体でのメリットの享受は効果が限定的であるため，企業グループとして全体的な税務戦略が必要となります。

4. 実情
　一方で，香港に設立されている日系企業は，必ずしも上記のタックスメリットを享受するために設立されたというわけでもない企業が少なくありません。日本人にはなんとなく「中華圏ビジネスやるなら香港からでしょ！」といったイメージがあり，実質的なメリットがよくわからない状況となっている企業

グループもあります。香港の特徴をとらえ，グループとしてどういう役割を担わせたいのか，事前に検討してから設立するのが肝要です。

7 海外子会社の清算と株式評価損

Q44 外国子会社の再建と清算の留意点
(外国株式評価損計上の留意点)

CHAPTER 2

　当社は2010年に豪州に資本金約230万豪州ドル（1,000株発行）でワインの製造・販売子会社A社を設立しましたが，市況の悪化と度重なる天候不順により，ここ数年の間，損益が悪化しているため，2019年3月の期末に向け，子会社株式の評価損の計上を検討しております。海外子会社の株式評価損の計上について，留意点を教えてください。なお，A社の資産状態は次のとおりです（単位：豪ドル）。

科目	2013.12月期	2014.12月期	2015.12月期	2016.12月期	2017.12月期	科目	2013.12月期	2014.12月期	2015.12月期	2016.12月期	2017.12月期
[流動資産]	1,288,414	1,329,035	414,911	1,193,956	1,190,945	[流動負債]	▲18,421	▲1,234	29,508	29,747	7,383
現金	1,166,406	1,104,769	274,117	1,076,400	1,023,513	買掛金			12,150	—	4,400
売掛金	2,000	39,726	91,099	40,841	180	未払給料			31,283	19,941	439
その他未収金	92,766	117,850	63,045	109,066	3,385	未払税金	▲18,421	▲1,234	13,537	6,639	▲3,151
前払金	20,694	32,306	▲24,597	▲44,152	26,872	その他未払金			▲27,462	3,166	5,694
棚卸資産	6,548	34,384	11,247	11,801	136,994	負債合計	▲18,421	▲1,234	29,508	29,747	7,383
[固定資産]	15,358	32,805	21,497	10,252	6,393	[株主資本]	1,322,193	1,363,074	406,900	1,174,461	1,189,956
(固定資産)	15,358	32,805	21,497	10,252	6,393	(資本金)	2,348,310	3,606,790	3,606,790	4,656,490	4,656,490
固定資産	18,300	37,050	39,850	39,850	—	(繰越利益剰余金)	▲1,026,117	▲2,243,716	▲3,199,890	▲3,482,029	▲3,466,534
減価償却累計額	▲2,942	▲12,820	▲26,025	▲36,367	—	(内当期純利益)			▲956,174	▲284,288	14,327
無形固定資産	—	8,574	7,672	6,769	6,393	純資産合計	1,322,193	1,363,074	406,900	1,174,461	1,189,956
資産合計	1,303,772	1,361,840	436,408	1,204,208	1,197,338	負債・純資産合計	1,303,772	1,361,840	436,408	1,204,208	1,197,338

結論

　非上場の外国子会社株式に係る評価損であっても，その外国株式の価額につき，資産状態が著しく悪化したため，その株式の1株又は1口当たりの2018年12月期の純資産価額が，当社がA社の株式を取得した時の1株又は1口当たりの純資産価額と比較して50％以上下回り，かつ，近い将来，その価額の回復が見込まれない場合は，税務上も，損金の額に算入することができます。

　ここで留意すべき事項は，①その株式の取得が増資など2回以上にわたって行われている場合は，その都度，1株又は1口当たりの純資産価額を修正しな

第2章　法人税に係る取引

ければならないこと、②当社の2019年3月期決算に向けて、A社の近い将来の回復可能性を検討・判断していること、③増資を行っている場合、その増資後相当期間が経過していること、の3つが挙げられます。

A社は2014年と2016年に増資を2度、行っているため、増資の都度、1株当たりの純資産価額を修正して、2018年12月期の純資産価額と比較して50％以上下回っているか否か、A社の回復可能性の検討を合理的な基準で判断したうえで、A社株式の評価損の計上の可否を判断することになります。

ポイント

① 非上場の外国株式であっても、その株式の取得時と各事業年度末時の1株又は1口当たりの純資産価額を比較して50％以上下落しており、かつ、近い将来、その価額の回復が見込まれない時は、株式評価損の計上が認容されます。

② その外国株式の取得が2回以上にわたって行われている場合は、その都度、1株又は1口当たりの純資産価額を修正する必要があります。

③ 上記①及び②で純資産価額が50％以上下落していても、近い将来においてその価額の回復が見込まれないことを合理的な基準で判断する必要があります。

④ 増資払込後における株式の評価損の計上は、その増資から相当期間を経過した後でなければ、税務上、認められません。

解　説

1　資産の評価損の計上（有価証券の場合）

資産の評価損を計上する場合には、その内国法人が当該資産の評価換えをし

て損金経理により,その帳簿価額を減額する必要があります(法法33②)。
　また,有価証券について評価損を計上できる場合とは,次の事実が生じた場合であり(法令68①二),その計算については銘柄ごとに行うこととされています(法基通9-1-1)。

> 二　有価証券　次に掲げる事実
> 　イ　第119条の13第1号から第3号まで(売買目的有価証券の時価評価金額)に掲げる有価証券(第119条の2第2項第2号(有価証券の一単位当たりの帳簿価額の算出の方法)に掲げる株式又は出資に該当するものを除く。)の価額が著しく低下したこと。
> 　ロ　イに規定する有価証券以外の有価証券について,その有価証券を発行する法人の資産状態が著しく悪化したため,その価額が著しく低下したこと。
> 　ハ　ロに準ずる特別の事実

2　上場有価証券以外の有価証券の発行法人の資産状態の判定

　上記1ロの有価証券を発行する法人の資産状態が著しく悪化したかどうかは,法人税基本通達9-1-9(上場有価証券等以外の有価証券の発行法人の資産状態の判定)において次のように定められています。

① 当該有価証券を取得して相当期間を経過した後に当該発行法人について次に掲げる事実が生じたこと
　(a) 会社法の規定による特別清算開始の命令があったこと
　(b) 破産法の規定による破産手続開始の決定があったこと
　(c) 民事再生法の規定による再生手続開始の決定があったこと
　(d) 会社更生法又は金融機関等の更正手続の特例等に関する法律の規定による更正手続開始の決定があったこと
② 当該事業年度終了の日における当該有価証券の発行法人の1株又は1口当たりの純資産価額が当該有価証券を取得した時の当該発行法人の1株又

は1口当たりの純資産価額に比して概ね50％以上下回ることとなったこと

なお，「その有価証券の取得が2回以上にわたって行われている場合などは，その都度，その増加又は減少した当該有価証券の数1株又は1口当たりの純資産価額を加味して当該有価証券を取得した時の1株又は1口当たりの純資産価額を修正し，これに基づいてその比較を行う」ことと，「有価証券を発行している法人が債務超過の状態にあるため1株又は1口当たりの純資産価額が負（マイナス）であるときは，当該負の金額を基礎としてその比較を行う」必要があります。

また，この有価証券の価額が著しく低下した場合とは，その有価証券の事業年度終了の時における価額が帳簿価額の概ね50％相当額を下回ることに加えて，近い将来，その価額の回復が見込まれない場合をいいます（法基通9-1-11, 9-1-7）。

海外の子会社など外国法人の株式の評価損の計上を検討する場合，現地外国通貨建ての純資産価額の金額により外国法人の資産状態が著しく悪化したかどうかを判定する必要があります（法基通9-1-10）。

3 本設例への当てはめ

本ケースでは，2014年と2016年に増資を行っているため，その増資の都度，A社株式の取得に係る1株当たりの純資産価額を修正する必要があります。

① 2014年の増資直前の純資産価額（2013年12月期の純資産を取得時と仮定）
- 2,348,310／1,000株＝2,348.10豪ドル／1株当たり（設立時）
- 1,322,193／1,000株＝1,322.19豪ドル／1株当たり（増資直前）
  3,606,790－2,348,310＝1,258,480豪ドル（増資額）

② 1,258,480／1,322.19＝951.8株⇒952株＋1,000株＝1,952株

③ 2016年の増資直前の純資産価額
- 406,900／1,952株＝208.45豪ドル／1株当たり（増資直前）

④ 4,656,490－3,606,790＝1,049,700豪ドル（増資額）

⑤ 1,049,700／208.45＝5,035.74株⇒5,035株＋1,952株＝6,987株
⑥ （1,049,700＋406,900）／6,987株＝208.47豪ドル（1株当たり）
⑦ 1,189,956／6,987株＝170.31豪ドル（直前事業年度末の1株当たりの純資産価額）
⑧ （170.31-208.47）／208.47＝18.30％<50％

2度の増資によりA社株式の1株当たりの純資産価額が修正されたため、資産状態が著しく悪化している状況になく、当社は税務上の株式の評価損を計上できる事実が生じた場合に該当しません。さらに、直前の増資から相当期間が経過しているとはいえません。このように、株式評価損の計上を検討するうえで、過去の増資等が大きく影響することに留意が必要となります。

7 海外子会社の清算と株式評価損

Q45 海外子会社の再建と清算の留意点
（貸倒損失（債権放棄）と海外寄附金）

CHAPTER 2

　当社は，電子部品の製造販売会社として約20年前にシンガポールに100％子会社Ｂ社を設立しましたが，得意先の生産機能の国外移転により，Ｂ社の受注数量が大幅に落ち込んだため，数年前に生産工場を閉鎖し，電子部品の販売商社として生き残りを図ったものの，事業の改善も見られず，大きな累積損失となり債務超過の状態に陥りました。親会社である当社は，これ以上，Ｂ社の自助努力及び当社の支援により事業の好転を図っても，累積した赤字を解消するのは容易ではないと判断し，清算することを決定しました。なお，Ｂ社は約２億円相当の債務超過の状態にあります。

　シンガポールでは債務超過の状態にある会社の清算は，裁判所の関与の下に清算手続を進める必要があり，清算の結了までに裁判所が関与しない通常の清算手続と比較して，かなりの期間と費用を要するようです。そこで，債務超過を解消するために当社からＢ社へ資金を移転し，資本を振り替え，現在の債務超過を解消したうえで，任意清算の手続に移行するよう，シンガポールの弁護士からアドバイスを受けました。当社が債務超過を解消するために移転する約２億円相当額はＢ社の清算の結了後に大部分は回収することができないことが想定されますが，税務上の留意点を教えてください。

　なお，Ｂ社が有する債務の90％相当額は当社向けの買掛金，残りはＢ社の従業員の退職引当金相当額となります。

結論

　法人がその子会社等の解散等のために債務の引受け，その他損失負担又は債権放棄等をした場合であっても，税務上，その債権放棄等をした金額が損失・費用ではなく，課税当局から寄附金と認定されるケースがあります。そもそも

反対給付を伴わない損失又は費用の負担が，税務上，寄附金と取り扱われるなか，寄附金の額に該当しない例示が法人税基本通達9-4-1及び9-4-2などに定められています。

　これらの基本通達に共通するのは，①やむを得ず負担等をしていること，②その負担等を行うことに相当な理由があること，の2点にあります。

　上記の「やむを得ず」及び「相当な理由」を設例に当てはめて検討した場合，定性面では，B社は当初の製造販売会社としての主たる機能を得意先の生産機能の国外移転という事態に直面し売上が激減したため，工場を閉鎖して販売商社としての機能に変更を図ったものの業績が改善しないまま債務超過の状態となり清算を決定した，という事実から充足すると考えます。定量面においても，当社が新たに負担する予定の2億円相当額の算定根拠が当社向けの債務と清算予定のB社の従業員に対する退職債務であることからこれも充足すると考えます。

　したがって，B社の清算のために当社が行う2億円相当額の負担は，税務上，寄附金ではなく損失又は費用の額として処理できるものと考えます。

　なお，シンガポールでは税務上，債務超過等を解消するために親会社が有するB社向け債権の債権放棄，B社が第三者に対して有する債務を弁済するために親会社からB社へ資金移転を行った後に債権放棄等を行う行為は資本取引に該当します。

　そのため，その債務免除益等についてシンガポールで課税を受けることはありませんが，留意事項として外国子会社合算税制の適用の可能性がB社の株主である当社にあることが挙げられます。

ポイント

①　相当な理由もなく子会社等を整理するために行う損失負担した金額は，税務上，寄附金に該当します。

② 相当な理由は，定性面及び定量面の両面から個々の具体的な事案を整理しておく必要があります。
③ 海外子会社等を整理する場合にあっては，現地の会社法，税法など日本の各々の法令の内容と大きく異なる可能性もあるため，現地の清算の方法及び当社が負担する損失や債権放棄に対する現地の税務上の取扱いを把握しておくことが重要となります。

解 説

1 （海外）子会社等を整理する場合の損失負担等と寄附金の整理

　寄附金とは，名義のいかんや業務の関連性の有無を問わず，法人が贈与又は無償で供与した資産又は経済的利益，すなわち，法人が直接的な対価を伴わないでした支出を広く指称するものと解されています（法法37）。なお，海外子会社に対する寄附金は，税務上，全額，損金不算入となります。

　したがって，日本の親会社が海外子会社等の整理や支援のために，債権放棄，無利息貸付及び資産の譲渡又は経済的な利益の供与をした場合，相当な理由もなく，実質的に贈与又は無償の供与をしたと認められる金額は，寄附金の額に含まれます。しかし，経済的利益を供与する側からみて，速やかな子会社等の整理又は再建支援等をしなければ今後より大きな損失を蒙ることが明らかな場合や子会社等の倒産を回避するためにやむを得ず行うもので合理的な再建計画に基づく場合などその再建支援等を行うことに相当な理由があると認められる場合は，その損失・負担する額は，寄附金ではなく損金算入が認められています。この取扱いを定めた基準が，法人税基本通達9-4-1と9-4-2です。

2 法人税基本通達9-4-1（子会社等を整理する場合の損失負担等）の確認

> 法人がその子会社等の解散，経営権の譲渡等に伴い，当該子会社等のために

> 債務の引受けその他損失負担又は債権放棄等をした場合において，その損失負担等をしなければ今後より大きな損失を蒙ることになることが社会通念上明らかであると認められるためやむを得ずその損失負担等をするに至った等そのことについて相当な理由があると認められるときは，その損失負担等により供与する経済的な利益の額は，寄付金の額に該当しないものとする。

設例のケースに当てはめて次のとおり検討します。
① その損失負担等をしなければ今後より大きな損失を蒙ることが明らかでやむを得ない事情の有無（定性面の整理）
  (a) 得意先の国外移転によりB社の受注数量が大幅に落ち込み，生産工場の閉鎖，販売商社として生き残りを図った。
  (b) しかし，事業の改善が見込めず，大きな累積損失となり債務超過の状態に陥った。
  (c) B社の自助努力及び当社の支援により事業の好転を図っても累積した赤字を解消するのは容易ではないと判断し，清算することを決定。

上記の状況を概観すると，B社は当社の100％子会社であり，事業の改善を図り，様々な試みを継続してきたものの，大きな累積損失で債務超過の状態にあり，これ以上の事業の継続はより大きな損失を発生させる可能性が高くB社の清算を決定した，ことが読み取れます。したがって，当社がやむを得ず損失負担等する事情が存すると考えられます。

② その損失負担等をするに至った等そのことについて相当な理由の有無
（定量面の整理）
  (a) B社は2億円の債務超過の状態にある。
  (b) B社が有する債務の90％相当額は当社向けで，残りの10％相当額は，B社従業員の退職給付引当金相当額。
  (c) 当社が損失負担する2億円相当額の算定根拠は，上記（b）のとおり当社向けの債務とB社の清算に伴うB社従業員に対する退職金相当額。

上記の状況を概観すると，B社は2億円の債務超過の状態で，その債務の90

％相当額は当社向けで，残りの10％相当額は従業員の退職給付引当金相当額になります。

定性面の整理に加えて，定量面においても当社が行う損失負担等は，相当の理由があり，その損失負担等の額も妥当性があると考えます。

3 海外子会社（B社）の現地の清算の手続と税務の確認の必要性

海外子会社の清算を進めるに際して，現地の清算の手続及び税務上の取扱いを，あらかじめ整理しておくことが重要となります。

シンガポールでは債務超過の会社の清算は，任意清算の手続ではなく裁判所の管理のもとの手続によるため，任意清算の手続と比較してかなりの時間と費用を要します。そのため，債務超過を解消するために当社からB社へ資金を移転して，債務超過を解消したうえで，普通清算の手続に入るアドバイスをシンガポールの弁護士から受けました。

シンガポールでは，税務上，債務超過等を解消するために親会社が行う債権放棄等を行う行為は資本取引に該当するため，その債務免除益等についてシンガポールで課税を受けることはありませんが，国・地域によっては税務上，債務免除を受けた場合，その免除を受けた金額は債務免除益として課税所得に含まれるケースが出てきます。そのため，B社が十分な税務上の繰越欠損金を有していないと，当社の損失負担した金額によってB社に課税が生じることになります。

このように，海外子会社の清算・整理等に際して，海外子会社の現地の清算手続及び税務上の取扱いをあらかじめ，整理しておくことが極めて重要であるといえます。

併せて，シンガポールのように債務超過を解消するために親会社等から受けた債権放棄による債務免除益が資本取引に該当して非課税となる場合にあっては，株主である当社に外国子会社合算税制の適用の可能性があることに留意する必要が生じます。

7 海外子会社の清算と株式評価損

Q46 海外子会社の再建と清算の留意点2
（海外子会社の清算に係る損失の計上のタイミング）

CHAPTER 2

Q45の清算を決定したシンガポール子会社のB社について，当社の損失負担の損金算入時期について教えてください。また，留意点があれば教えてください。

なお，B社（2018年12月期）の清算を決定した時期は2018年10月で，当社の決算期は2019年3月期となります。

結論

当社の損失負担を考えるうえで，2つの留意点があります。

第一に，当社の損失負担は，移転した資金を資本に振り替える処理を行う予定のため，貸倒損失ではなくB社の清算が結了する時点で確定する海外子会社株式消滅損に該当するため，B社の清算が結了する時点まで確定しないことが挙げられます。

第二に，B社の清算を決定したことに伴い，当社でB社株式の評価損の計上の可否を検討する場合，当社は2018年12月期のB社の決算報告書を基に，当社の2019年3月期の決算手続等のなかでB社の純資産価額が50％以上下落しているかどうかを判定しますが，B社の1株当たりの純資産価額が50％以上下落している場合であっても，B社株式の評価損の計上は，税務上，認められないことが挙げられます。

これは，当社の約2億円相当額のB社への資金移転が債務超過の解消を目的とする資本勘定への振替を予定しているため，増資払込後における株式の評価損の計上が，その増資から相当期間を経過した後でなければ認めていない取扱い（法基通9-1-12）により，当社において，2019年3月期にB社株式の評価損を計上しても，税務上，B社の清算が結了が確定する時期まで認められない

と考えるからです。

ポイント

① 清算に関わる損失の計上時期は，株式評価損，債権放棄及び株式消滅損とこれらの行為のその確定するタイミングが異なることから，各々，異なってきます。
② 株式評価損計上の可否の検討を行うタイミングは，当社の各事業年度の決算確定前までに行う必要があり，判定の結果，1株当たりの純資産価額が50％以上下落しており，かつ，回復の見込みがなくても，清算に係る手段で増資等を利用する場合は，税務上，株式評価損の計上が認められない可能性があります。

解説

1 現地の法令による清算手続の確認

各々の国・地域の清算の手続は，シンガポールに限らず，それぞれ異なってきます。シンガポールの法令では債務超過の会社は任意の清算手続によることができません。債務超過の場合は，裁判所の管理の下，清算手続を行う必要があり，任意清算の手続と比較して事務作業の手間及び費用が大きく増えることになります。ところで，シンガポールの法令では任意清算による解散を決定すると，7日以内に清算決定を，10日以内に公告及び14日以内に清算人をACRA（Accounting and Regulatory Authority）へ登記申請する必要があります。清算手続に入ると，資産の換価及び債務の弁済等を順次行い，清算報告書を作成して最終の株主総会を公告により招集します。この最終株主総会の後7日以内に清算手続の結果をACRAへ登記申請を行い，その登記から3カ月を経過し

たときに会社の法人登記が抹消されます。

したがって，本設例のケースではB社に係る清算報告書をACRAへ登記し，その登記の日から3カ月後にB社の法人登記が抹消された時点で清算結了が確定することになります。

2 現地の法令による清算に関わる税務上の取扱いの確認

各々の国・地域の解散・清算に関わる税務上の取扱いも，シンガポールに限らず，それぞれ異なってきます。例えば，シンガポールの税務上，債務超過を解消するために親会社等から債権放棄を受けても，その債権放棄等は損益取引ではなく資本取引に該当します。しかし，国・地域によっては日本と同様に，親会社等が債権放棄を行うと，損益取引に該当するため，その債権放棄を受けた法人に債務免除益と相殺する税務上の繰越欠損金がないと納税が必要となるケースが出てきます。

このように，海外子会社の清算を予定する場合は，あらかじめ，現地法令の清算に係る法令・手続と併せて税務上の取扱いを整理・確認しておくことが重要となります。

3 株式評価損の計上の可否の検討

設例のケースでは，任意清算の手続を行うために当社からB社へ資金の移転を予定しています。

当社がB社株式の評価損失を2019年3月期に会計上，計上しても，その資金を資本に振り替える（予定）ため，法人税基本通達9-1-12（増資払込み後における株式の評価損）により，税務上，その評価損失の計上は認められないと考えます。

7 海外子会社の清算と株式評価損

Q47 海外子会社に対する債権放棄を行う場合の留意点

CHAPTER 2

当社は100％出資のベトナム子会社A社を有しています。ベトナム子会社A社は現地でB製品を生産販売している製造業ですが、現地で主力商品B製品の激しい価格競争と現地の労務費の急騰により、A社の業績が悪化しており、債務超過の状態です。また、今後の市況及び競合との価格競争の観点からも自力で経営状態を改善させることは困難であることが見込まれます。当社はA社に対する貸付金を有しているため、債務超過を解消できる金額を上限に債権放棄を行う予定ですが、税務上、損金算入して問題ないでしょうか。

結論

当該債権放棄が損金算入となるためには、倒産危機にある子会社等の倒産を防止して再建することが、今後親会社が蒙る損失を回避するためのものである等、支援することに相当の理由がある場合に限られます。具体的には、①支援の必要性、②支援の内容、③支援方法を記載した再建計画書を作成し、この再建計画書が各々、妥当性・合理性が認められるものである必要があります。したがって、A社に有する債権を放棄し、税務上、損金算入しようとする場合には、あらかじめ、合理的な再建計画書を作成することが肝要となります。

ポイント

① 法人税基本通達9-4-2は、法人がその子会社等に対して債権の放棄等をした場合に、(a) その債権の放棄等が例えば業績不振の子会社等の倒産を

防止するためにやむを得ず行われるもので，(b) 合理的な再建計画に基づくものであるなど，その債権の放棄等により供与する経済的利益の額は，寄附金に該当しないものとする旨を定めています。
② 子会社等の再建策が損金となるためには，(a) 支援の必要性，(b) 支援内容（再建計画）の合理性，(c) 支援方法の合理性についてあらかじめ定めた「合理的な再建計画」に基づく支援が必要です。
③ 合理的な再建計画の留意すべき点として以下のことが挙げられます。
  （1）損失負担の必要性
    ・子会社等に該当するか
    ・子会社等は経営危機に陥っているか
    ・親会社（支援者）にとって損失負担額は相当か
  （2）再建計画等（支援内容）の合理性
    ・損失負担額は合理的なものか
    ・支援者は再建のための管理等を行っているか
    ・支援者の範囲は相当か
    ・損失負担割合に合理性があるか

解説

　法人とその相手方との間に資本関係，取引関係，人的関係，資本関係等において関連性がある場合で，業績不振の相手方の倒産を防止するためにその法人が貸付けや債権放棄等を行った場合等，当該貸付けや債権放棄等を寄附金として取り扱うことは相当ではないことから，このような場合には，当該債権放棄等について損金とすることが認められます。法人税基本通達9-4-2もそのような観点に立って，債権放棄等を寄附金として扱うべきでない場合を示したものです。
　合理的な再建計画かどうかについては，支援額の合理性，支援者による再建

管理の有無，支援者の範囲の相当性及び支援割合の合理性等について，個々の事例に応じ，総合的に判断されます。

具体的な再建計画で検討すべき事項の詳細について，以下を手順により検討していく必要があります。

1 損失負担の必要性

(1) 子会社等に該当するか

まず，「子会社等」に該当するかどうかの判断ですが，資本関係にある子会社のほか，取引関係その他の事業関係において実質的な支配従属関係にあるものが含まれています。この場合の当該子会社等が外国法人又は非居住者であることを問わないため，海外子会社についても子会社等に該当します。

(2) 子会社等は経営危機に陥っているか

経営危機に陥っている場合とは，一般的に債務超過の状態にあり，資金繰りが悪化しているような場合です。ただし，子会社等の業種業態又は個別事情によっても判断することになります。

例えば，実質的には債務超過でなくても営業を継続するために必要な許認可の条件として法令等で一定の規模の財務状態が求められる場合に，仮に現状のままでは更新が認められず，結果として営業の継続ができなくなり倒産に至ることになる場合なども考えられます。また，債務超過等の状態にあっても子会社が自力で再建することが可能であると認められる場合には，その支援は経済合理性を有していないものと考えます。

(3) 支援者（親会社）にとって損失負担額は相当か

損失負担等を行う相当な理由があるかどうかは，損失負担等を行い子会社等の整理することにより，今後蒙るであろう大きな損失を回避することができる場合，又は，子会社等を再建することにより，残債権の弁済可能性が高まり，倒産した場合に比べ損失が軽減される場合若しくは支援者の信用が維持される場合などが考えられます。要支援額が的確に算定されている必要があり，要支援額が的確に算定されていないような場合には，否認される可能性はあります。

また，支援の方法として，既存債権の金利の減免，債権放棄等が考えられますが，特にその態様に制限はありません。
　設例のケースのA社は，100％子会社の債務超過の状態にある自力で経営の改善が困難であること，債権放棄する金額も債務超過を解消できる金額を上限とする事実から，損失負担の必要性の要件は満たしていると考えます。

2　再建計画等（支援内容）の合理性
(1) 損失負担額は合理的なものか
　損失負担額が，子会社等を整理するため又は経営危機を回避し再建するための必要最低限の金額にされているか，子会社等の財務内容，営業状況の見通し等及び自己努力を行っているかといった点からその損失負担額の合理性があるかどうかについて，検討されるものになります。
　したがって，当社は債権放棄する金額の決定に際して，A社の現在の財務内容，支援後の損益予測及び自己努力を定性面及び定量面の両面から検討して，決定することが重要となります。
(2) 支援者は再建のための管理等を行っているか
　子会社等の再建の場合には，まず確定した再建計画により，「再建後のあるべき姿（再建後の状況）」を明確にしておくことが必要となります。そのうえで，支援者が子会社等の再建状況を把握し，再建計画よりも順調に再建が進んだような場合には計画期間の経過前でも支援を打ち切る（逆の場合には，追加支援を行うための計画の見直しを行う）などの手当て（再建管理）が必要となります。
(3) 支援者の範囲は相当か
　支援者の範囲は，支援規模，支払能力等で個別事情から合理的に判断されるものです。また，関係者が複数いる場合であっても，出資をしている者，役員を派遣している者，取引金額が多額な者，取引期間が長い者についても支援者の範囲に入る場合があります。
(4) 損失負担割合に合理性があるか
　損失負担（支援）割合は，当事者間で合意されますが，その合理性について

は，支援者ごとの損失負担（支援）額の配分が，出資状況，経営参加状況，融資状況の子会社等と支援者との個々の事業関連性の強弱や支援能力からみて合理的に決定されているかどうかを検討する必要があります。

　再建計画書には，A社の再建計画の管理体制，親会社である当社のみが債権放棄を行う場合は，その妥当性，当社以外にも支援を行う者がいる場合は，当社とその者との損失負担割合の合理性についても言及する必要があります。このように再建計画書の対応には相応なリソースも必要となります。

7 海外子会社の清算と株式評価損

Q48 中国子会社の清算
CHAPTER 2

弊社は中国子会社を清算することになりましたが，清算に時間がかかっており，子会社向け債権を債権放棄する必要が生じています。これらは日本の法人税法上どのタイミングで損金に計上すべきでしょうか？
また，計上にあたっての留意点はありますか？

結論

中国法人の清算について現地では債務を全て返済若しくは，清算してから清算手続を行う必要があります。ゆえに，清算結了前に債権放棄をする必要がありますが，子会社に対する債権放棄の損金算入には法人税法上要件があり，子会社の支援損か整理損に該当する必要があります。清算の場合，法人税法上の整理損の要件に該当すれば損金算入できることとなります。債権放棄については，法人税法上「当該債権放棄等をしなければ今後より大きな損失を被ることが明らかである等」と定められていますので，当該要件に該当する必要があります。

しかし，日本の課税当局の実務的な姿勢としては，これらの要件を厳格にとらえていますので，妥当性や経緯を説明できる疎明資料を会社側で十分に準備しておくことが重要です。

ポイント

① 中国で破産清算は実務的には難易度が高く，普通清算により清算する場

合がほとんどです。
② 普通清算の場合，債務を全て弁済する必要がありますので，場合によっては精算手続の前に増資する必要があります。
③ 親会社の債務の整理には，返済又は親会社から債務免除を受けることが考えられます。
④ 日本の法人税法上，海外子会社の債権放棄は一定の要件に該当する必要があります。当該要件への該当を立証するため，証明資料や経緯記録を準備する必要があります。

解説

　中国で普通清算手続を行うためには，債務は全て返済し，最終的には貸借対照表を現預金だけの状態にする必要があります。その場合，親会社向け債務については，場合によっては親会社が債権放棄を検討する必要があります。この場合，問題になるのがその債権放棄が子会社寄附金に該当し，法人税法上損金不算入となってしまうのではないかという懸念です。

　法人税法上，子会社寄附金に該当しないものは，法人税基本通達9-4-1に，「法人がその子会社の解散をする場合の債権放棄で，今後より大きな損失を蒙ることが明らかな場合，寄附金の額に算入しない」と定められています。

　そのため，
① 中国法人の清算の必要性の経緯，普通清算のために債権放棄が必須である点，当該方法が最も経済合理性がある点等に関する意見書，説明文書
② 日本親会社取締役会による決議等を準備し，要件に沿った債権放棄である点を証明できるようにしておく必要があります。とくに，実務的には日本の課税当局は海外子会社への清算関連損失や債権放棄については，非常に厳しく判断する傾向がみられますので，そういった課税当局の調査に耐え得る検討，準備が必要となります。

■中国子会社の清算と日本親会社の損金算入イメージ図

清算手続開始前　　　　　清算手続開始　　　　　　清算手続完了

場合によっては増資　→　債権放棄の損金算入　→　残余財産返金
　　　　　　　　　　　　　　　　　　　　　　　　子会社出資金の損金算入

これらの日本親会社の負担が，法人税法上損金算入できるかが大きなポイントとなる

第3章
消費税に係る取引

1 国際デジタル課税

Q49 国境を越えたeコマース取引と消費税①
CHAPTER 3

当社は日本で健康食品を製造・販売する会社ですが，このたび東南アジア・オセアニア地域でeコマースのサイトを運営するシンガポールA法人を通じて，当社の商品を販売することになりました。サイトの広告掲載手数料（固定額）のほかに取引の成立に応じて，取引額の5％をサイトの利用料として支払います。

こうした外国のインターネットを通じたサービスを受けると，サービスを受けた当社が日本の消費税を支払う必要があると聞いたのですが，消費税の取扱いの概要を教えてください。

結論

消費税法では，電子書籍・音楽・広告の配信などの電気通信回線（インターネット等）を介して行われる役務の提供を「電気通信利用役務の提供」と位置付け，次の3つの事項が見直されました。その役務の提供が消費の課税対象となる①国内取引に該当するかどうかの判定基準が，平成28年4月1日以降，役務の提供を行う者の役務の提供に係る事務所等の所在地から役務の提供を受ける者の住所等（法人の場合は本店又は主たる事務所の所在地）に見直されています。

そして，「電気通信利用役務の提供」について，②役務の提供を行った者が国外事業者である場合，課税方式が見直され，その役務の提供が事業者向けの役務の提供に該当するときは，その役務の提供を受けた国内事業者に消費税の申告納税義務を課す，リバースチャージ方式が導入されました。

しかし，このリバースチャージ方式は，③経過措置により，当分の間，各課税期間において，課税売上割合が95％未満である事業者に限り適用されます。

したがって，シンガポールA法人のeコマースのサイトへの広告掲載料及び

サイトの利用料は消費税の課税の対象となる国内取引に該当し、リバースチャージ方式によって、当社に申告納義務が転嫁されることとなりますが、当社の各課税期間における課税売上割合が95％以上の場合は、経過措置により、その役務の提供に係る仕入れはなかったものとされ、申告する必要はありません。

ポイント

① 電気通信利用役務の提供に係る消費税の内外判定が、その役務の提供を受ける者の住所等（法人の場合は本店又は主たる事務所の所在地）になりました。
② 上記①の役務の提供を行った者が国外事業者である場合、その役務の提供が事業者向けであるときは、その役務の提供を受けた国内の事業者に消費税の申告納税義務が課されます。
③ 上記②は、経過措置により当分の間、課税売上割合が95％未満である国内の事業者に限り、適用されます。

解説

1 電気通信利用役務の提供の定義（消基通5-8-3）

電気通信利用役務の提供とは、電気通信回線を利用して提供される次のようなものが該当します。

① インターネット等を通じて行われる電子書籍、電子新聞・音楽・映像・ゲームソフト等の著作権の提供・配信
② 顧客にクラウド上のソフトウェアやデータベースを利用させるサービス
③ 顧客にクラウド上で顧客の電子データの保存を行う場所の提供を行うサービス

④ インターネット等を通じた広告の配信・掲載
⑤ インターネット上のショッピングサイト，オークションサイトを利用させるサービス（商品の掲載料金等）
⑥ インターネット上でゲームソフト等を販売する場所を利用させるサービス
⑦ インターネットを介して行う宿泊予約，飲食店予約サイト（宿泊施設，飲食店等を経営する事業者から掲載料等を徴収するもの）
⑧ 電話，電子メールによる継続的なコンサルティングなど

ただし，他の資産の譲渡等の結果の通知その他の資産の譲渡等に付随して行われる次のような役務の提供は除かれます。
① 電話，FAX，データ伝送，インターネット回線の利用など情報伝達を単に媒介するサービス（通信）
② ソフトウェアの制作等
　著作物の制作を国外の事業者に依頼し，その成果物の受領や制作過程の支持をインターネット等を介して行う行為は，著作物の制作という他の資産の譲渡等に付随してインターネット等が利用されているので，電気通信利用役務の提供に該当しません。
③ 国外に所在する資産の管理及び運用
　資産の運用等の指示，状況などの結果報告等について，インターネット等を介して連絡が行われたとしても，資産の管理・運用という他の資産の譲渡等に付随してインターネット等が利用されているので，電気通信利用役務の提供に該当しません。
④ 国外の事業者に依頼する情報の収集及び分析など
　情報の収集・分析等を行い，その結果報告等について，インターネット等を介して連絡が行われたとしても，情報の収集・分析等という他の資産の譲渡等に付随してインターネット等が利用されているので，電気通信利用役務の提供に該当しません。

2 電気通信利用役務の提供に係る内外判定（消法4③三）

インターネット等を介して行われる役務の提供を電気通信利用役務の提供と定義して、その役務の提供が消費税の課税の対象となる国内取引に該当するか否かの判定基準が、役務の提供を受ける者の住所等（法人の場合は、本店又は主たる事務所の所在地）により判定されます。

上記により、内国法人の国外に有する事業所に対して役務の提供を行うものも国内取引に該当することになりますが、外国法人の日本支店に対して行う役務の提供は、外国法人の本店又は主たる事務所の所在地は日本国外にあるため国内取引に該当しません（消基通5-7-15の2）。

3 事業者向け電気通信利用役務の提供とリバースチャージ方式

(1) 事業者向け電気通信利用役務の提供（消基通5-8-4）

事業者向け電気通信利用役務の提供とは、国外事業者が行う役務の提供で、その役務の性質又は取引条件等から、その役務の提供を受ける者が通常、事業者に限られるものをいいます。例えば、役務の性質からインターネット上での広告の配信やゲームなどのアプリケーションソフトをインターネット上のサイトで販売する場所を提供するサービスなどが該当します。

また、取引条件等からクラウドサービス等の役務の提供のうち、取引当事者間において提供する役務の内容を個別に交渉し、取引当事者間固有の契約を締結するもので、契約において役務の提供を受ける事業者が事業として利用することが明らかなものなどが挙げられます。

(2) 特定資産の譲渡等に係る納税義務（消法4、5、消基通5-8-1）

事業者向け電気通信利用役務の提供は、「特定課税仕入れ」と定義され、消費税の課税の対象となります。また、役務の提供を受けた事業者において消費税税の納税義務が課されることになります。

4 特定課税仕入れに関する経過措置（消法附則27年42、44）

事業者向け電気通信利用役務の提供を受けた場合のリバースチャージ方式は、

当分の間，経過措置により，当該課税期間における課税売上割合が95％以上の場合には適用されません。その課税期間における課税売上割合が95％未満である事業者に適用されます。したがって，当社が特定課税仕入れを行った課税期間の課税売上割合が95％以上の場合は，その特定課税仕入れはなかったものとされ，消費税の申告において考慮する必要はありません。

1 国際デジタル課税

Q50 国境を越えたeコマース取引と消費税②
CHAPTER 3

Q49で当社がシンガポールのA法人にeコマースサイトの利用料を支払った課税期間の課税売上割合が95％以上の場合，リバースチャージ方式による消費税の申告納税義務が適用されないことはわかりましたが，その他に当社が留意すべき事項はありますか？

結論

次の3つの留意事項が挙げられます。

第一に，当社が「課税売上割合に準ずる割合」の承認を受けており，その準ずる割合が95％以上の場合であっても，「課税売上割合」が95％未満の場合は，経過措置の適用はなくリバースチャージ方式による申告が必要となります（なお，特定課税仕入れがある場合の課税売上割合の計算方法ですが，特定課税仕入れに係る金額は考慮する必要はありません）。

第二に，その課税期間の「特定課税仕入れ」に係る仕入控除税額の計算は，「課税売上割合に準ずる割合」を適用して計算することとしている場合，課税売上割合ではなく「課税売上割合に準ずる割合」に基づいて行います。最後に，特定課税仕入れに係る消費税額の仕入税額控除を行う場合の帳簿及び請求書等の保存要件ですが，請求書等の保存は必要なく，一定の事項を記載した帳簿の保存のみで仕入税額控除の適用を受けることができます。

ポイント

① リバースチャージ方式の経過措置の適用は，課税売上割合が95％以上

第3章 消費税に係る取引　181

であるか否かで判定し，課税売上割合に準ずる割合の承認を受けている場合であっても，この準ずる割合で判定しません。
② 課税売上割合の計算上，特定課税仕入の金額は考慮しません。
③ リバースチャージ方式による仕入税額控除の適用は，一定の事項を記載した帳簿の保存だけが要件とされています。

解 説

1 リバースチャージ方式の対象となる特定課税仕入れと経過措置

リバースチャージ方式の対象となる特定課税仕入れとは，事業者向け電気通信利用役務の提供（国外事業者が行う役務の提供で，その役務の性質又は取引条件等から，その役務の提供を受ける者が通常，事業者に限られるもの）を指し，特定課税仕入れに関して各課税期間における課税売上割合が95％以上である場合，その特定課税仕入れはなかったものとされリバースチャージ方式による申告・納税が必要とされない経過措置が設けられています。しかし，課税売上割合に準ずる割合が95％以上の場合も経過措置を認める文言はありません。

したがって，課税売上割合に準ずる割合が95％以上であっても，課税売上割合が95％未満の場合は，リバースチャージ方式のよる消費税の申告・納税が必要となります。

【課税の対象（消法4)】

> 国内において事業者が行った資産の譲渡等（特定資産の譲渡等に該当するものを除く）及び特定仕入れ（事業として他の者から受けた特定資産の譲渡等をいう）には，消費税を課する。

【納税義務者（消法5）】

事業者は国内において行った課税資産の譲渡等（特定資産の譲渡等に該当するものを除く）及び特定課税仕入れ（課税仕入れのうち特定仕入れに該当するものをいう）につき，消費税を納める義務がある。

【特定課税仕入れに関する経過措置（消法附則27年42，44）】

各課税期間における課税売上割合が95％以上である場合には，当分の間，当該課税期間中に行った特定課税仕入れはなかったものとする。

2 仕入れに係る消費税額の控除（課税売上割合の計算）

課税売上割合の計算上，特定課税仕入れの金額は一切，考慮しません。課税売上割合の計算では，事業者が国内において行った資産の譲渡等及び課税資産の譲渡等の対価の額により計算し，特定課税仕入れに係る金額は使用しません（消法30⑥後段）。

3 特定仕入れに係る消費税額の控除（帳簿及び請求書等の保存）

リバースチャージ方式による仕入税額控除の適用は，一定の事項を記載した帳簿の保存だけが要件とされ，請求書等の保存は必要とされません。

一定の記載事項には，次の記載事項が規定されています（消法30⑦）。

① 特定課税仕入れの相手方の氏名又は名称
② 特定課税仕入れを行った年月日
③ 特定課税仕入れの内容
④ 特定課税仕入れに係る支払対価の額
⑤ 特定課税仕入れに係るものである旨

1 国際デジタル課税

Q51　国境を越えたeコマース取引と消費税③
CHAPTER 3

　日本の消費税法上，日本国内に支店を有している場合，「居住者」と定義される（Q21の恒久的施設を参照）と理解していますが，Q49のシンガポールのA法人が日本国内に支店を有している場合，当社がA社から事業者向け電気通信利用役務の提供を受けた場合も，リバースチャージ方式が適用されるのでしょうか？

結論

　シンガポールのA法人が日本国内に支店を有するため，消費税法上の居住者に該当したとしても，消費税法基本通達1-6-1（国外事業者の範囲）によりA社は国外事業者として，当社にリバースチャージ方式が適用されます。

ポイント

① 国外事業者は，所得税法・法人税法に規定する非居住者である個人，外国法人と規定しています。
② 上記①の個人，外国法人が日本国内に事務所等を有していたとしても国外事業者に該当します。

解説

1 国外事業者の定義（消法2四の二）

国外事業者の定義を所得税法・法人税法に規定する非居住者である個人，外国法人と規定し，例えば，法人税法においては，外国法人を日本国内に本店又は主たる事務所を有する内国法人以外の法人と定義しています。

したがって，シンガポールに本店又は主たる事務所を有するA社は外国法人，すなわち，国外事業者に該当します。

2 国外事業者の範囲（消基通1-6-1）

国外事業者とは，所得税法に規定する非居住者である個人事業者及び法人税法に規定する外国法人をいい，例えば，これらの事業者が日本国内に電気通信利用役務の提供を行う事務所等を有していたとしても国外事業者に該当するため，日本国内に支店等を有する外国法人についても，国外事業者に該当することになります。

したがって，A社が日本国内に支店を有していても国外事業者に該当し，当社が事業者向け電気通信利用役務の提供を受けた場合，リバースチャージ方式が適用されることになります。

1 国際デジタル課税

Q52 国境を越えたeコマース取引と消費税④

CHAPTER 3

　Q49の当社は日本で健康食品を製造・販売する会社ですが，海外のeコマースのサイトを利用した輸出取引が増加し，このうち台湾向けの輸出が急激に伸びてきていることから，現地で支店を設立して，一定の在庫を保有しつつ，注文に応じて，現地支店から出荷することとしました。台湾支店出荷分のサイトの広告掲載手数料（固定額）と取引の成立に応じた取引額の5％をサイトの利用料として支払は台湾支店が契約当事者となり，台湾支店が支払います。このように，当社の海外支店が，外国のインターネットを通じたサービスを受ける場合も，当社が事業者向け電気通信利用役務の提供を受けたとして消費税のリバースチャージ方式が適用されるのでしょうか？

結論

　海外のeコマースのサイトの利用に係る対価の支払は，電気通信利用役務の対価に該当し，その内外判定は役務の提供を受ける台湾支店の所在地ではなく本店所在地（又は主たる事務所の所在地），すなわち，当社の本店所在地により行います。

　したがって，本設例に係る取引は日本国内取引に該当することとなり，事業者向け電気通信利用役務の提供に係る対価の支払にも該当することから，消費税の課税方式としてリバースチャージ方式が適用されます。

ポイント

① 電気通信利用役務の提供が国内において行われたかどうかの判定は、その役務の提供を受ける事業者の本店又は主たる事務所が日本国内にあるかどうかにより判定します。
② 上記①により、日本国内に本店がある法人の海外支店に対して越境ECビジネスなどに関わる役務の提供を行った場合、その役務の提供者が日本国内、国外の事業者に関わらず日本国内取引に該当し、消費税が課されます。

解 説

1 電気通信利用役務の提供（消基通5-8-3）

eコマースのサイトの利用料は、インターネットのウェブサイト上に他の事業者等の商品販売の場所を提供する役務の提供に該当し、電気通信利用役務の提供に該当します。

2 電気通信利用役務の提供に係る内外判定

電気通信利用役務の提供が日本国内において行われたか否かの判定は、その役務の提供を受ける者の住所等（法人の場合は、本店又は主たる事務所の所在地）により判定され、内国法人の日本国外に有する事務所に対して行うものであっても、日本国内取引に該当します。

したがって、当社の台湾支店が受ける電気通信利用役務の提供は国内取引に該当します（その裏返しで、日本の法人による外国法人の日本支店に対する電気通信利用役務の提供は、日本国外取引に該当します）（消法4③三、消基通5-7-15の2）。

3　事業者向け電気通信役務の提供と課税の対象・納税義務者の関連

　国外事業者が行う事業者向け（その役務の提供を受ける者が通常，事業者に限られるもので，例えば，個別に取引内容を取り決めて締結した契約に基づき行われるもの）電気通信役務の提供は，特定資産の譲渡等に該当するものとして課税の対象から除かれる一方，特定仕入れ（事業として他の者から受けた特定資産の譲渡等）として課税の対象となります。また，その役務の提供を受けた事業者に納税義務を転嫁するリバースチャージ方式が適用され，シンガポール法人である国外事業者に対して越境ECビジネスに係るサイトの利用料を当社の台湾支店が支払う行為は，日本国内取引に該当して当社に納税義務が転嫁することになります。しかし，特定仕入れを行った課税期間に係る当社の課税売上割合が95％以上である場合は，当分の間，その特定仕入れはなかったものとされて，その消費税の確定申告では課税標準額，仕入税額控除のいずれにも含まれないことになります（消法2①八の四，4，5，消法附則27年42，44）。

> **Column08**　越境ECビジネスの普及と消費課税の重要性の高まり
>
> 　近年，インターネット及びスマートフォンの普及などにより越境ECビジネスが世界的に拡大しています。日本企業にあっても衣料品・化粧品を中心に輸出拡大が続き，特に日本製化粧品の輸出額は通年では6年連続で過去最高を更新し，約5,000億円まで拡大しています。また，2018年3月に公表されたジェトロの調査によると回答企業（2,965社）のうち，ECを利用したことがある企業は全体の約25％で，このうち海外への販売でECを利用したことがある企業は約半数の47.2％にのぼったようです。今後，販売拡大を図る，又は新規に販売を検討している国・地域に中国，台湾，米国，香港及びタイなどが挙げられています。
>
> 　さらに，新聞報道によると2019年1月に中国で中国電子商取引法が施行され，現地の通販事業者に登録が義務付けられ，違法広告など消費者保護と模倣品対策の内容も盛り込まれて，違反には制裁金が科されるようになりました。越境ECビジネスにおける決済システムの信頼性や現地語対応，現地の制

度や規制に関する突然の変更の可能性など課題もあるなか，今後も日本からの輸出，とくに，これまで海外取引の機会が少なかった中堅・中小企業にとって，越境 EC は世界を相手に取引機会を提供する重要な「場所」として，ますます存在感を高めていくのではないでしょうか？

　著者のもとにも，ここ最近，越境 EC ビジネスを開始・拡大している国内の事業者若しくは EC プラットホームを提供している海外の事業者から出店料，販売手数料，広告宣伝費の負担金などについて，日本の消費税に関わる相談を受ける機会が増えてきています。2019 年 10 月からの消費税率 10％への引上げ，2023 年以降の適格請求書等（インボイス）の導入・課税事業者の登録など，国際税務の世界で消費課税の重要性がますます，高まっていくのではないでしょうか？

2 輸出免税

Q53 消費税の輸出免税（非居住者に対する役務の提供）

CHAPTER 3

弊社は日本のビジネス環境の調査業務を外国企業に対し提供しています。この場合の売上げに対する消費税は徴収する必要があるのでしょうか？ 若しくは輸出免税に該当するのでしょうか？ また，この売上げは消費税の課税事業者判定における売上高に含まれるのでしょうか？ 輸出免税に含まれる場合，課税事業者選択届出書を提出すれば還付を受けることが可能でしょうか？
また，物理的な商品の輸出の場合，輸出免税の適用を受けるには輸出証明が必要かと思いますが，調査のようなサービスの場合はどういったものが必要になるのでしょうか？

結論

国内における課税資産の譲渡等で日本国内に支店等を有しない非居住者に対するものは要件に該当した場合輸出免税売上げとなります（消法 7）。また，当該売上げは課税事業者判定における課税売上げに該当します。輸出免税の要件に該当する場合，対応する控除対象国内仕入消費税額の控除を受けることができます。なお，他に売上げがなく，輸出免税売上のみで国内仕入消費税額がある場合，還付を受けることができますが，免税事業者である場合は課税事業者選択届出書を提出しなければ還付を受けることはできません。

ポイント

① 非居住者向けの役務提供で，国内における役務提供に該当するもので要

件に該当するものは消費税法上，国内取引に該当します。
② 非居住者向けである場合，要件に該当する場合のみ輸出免税売上げの対象となります。輸出免税の適用には要件として輸出証明が必要ですが，役務提供の場合，契約書等がそれに該当します。
③ 場合によっては，消費税の還付がある可能性がありますが，免税事業者の場合，課税事業者選択届出書を提出する必要があります。

解説

　輸出免税というと，通関を伴う物理的な輸出をイメージしがちですが，消費税法における輸出売上げには役務の提供も含まれています。ゆえに，非居住者向けサービスが日本国内で提供されている場合，要件に該当すれば輸出免税取引に該当します（消法7）。なお，この場合，製品の輸出の場合は，要件として輸出証明が必要ですが，役務の提供の場合は，契約書等が必要となります（消基通7-2-23）。

　当該売上げに係る控除対象消費税額があるときは，場合によっては消費税の還付が受けられることになりますが，免税事業者である場合は，課税事業者選択届出書を提出しなければ還付を受けることができません。なお，国内売上げがある場合は，逆に不利になる場合もありますので，予測シミュレーション計算等で検討を行う必要があります。

2 輸出免税

Q54 消費税の輸出免税の要件（通関書類など）
CHAPTER 3

弊社は国外へ商品を販売していますが，一部商品は貨物輸出手続ではなく，EMSにより販売しています。この販売も消費税は輸出免税の対象となるという理解でよいでしょうか？

また，輸出免税の要件はどういったもので，書類としてはどういったものが必要でしょうか？

結論

消費税の輸出免税は，①国内において行われる資産の譲渡又は貸付け，②非居住者に対して行われるものですが，要件として，輸出証明が必要とされています。輸出証明は輸出許可書又は郵便による輸出の場合，20万円以下であれば一定の事項を記載した帳簿が該当します。ゆえに，金額が20万円超であれば輸出許可書が必要になり，20万円以下であれば帳簿を準備する必要があります。これらの書類がない場合，輸出免税を適用することができず，国内売上げに該当することとなります。また，還付される金額は仕入税額控除の対象となる消費税額ですが，こちらも請求書等の保存が必要になります。

ポイント

① 日本の輸出免税の要件は「輸出として行われる資産の譲渡又は貸付け」で「輸出取引等の証明がある場合」となっています。

② EMS等による輸送の場合，20万円超と，20万円以下で輸出証明の要件が異なります。

③ 輸出免税の要件を満たさない場合，日本国内から国外への売上げは消費税法上国内売上げとなります。

解説

　日本の消費税輸出免税の適用には輸出証明等の書類が必要となっており，単に国外へ商品を販売したという事実だけでなく，要件を満たした場合に輸出免税が適用できることとなっています。ゆえに，輸出免税の要件に該当しない場合は，取引としては輸出していても消費税法上の輸出免税の適用はなく，国内取引として消費税が課税されることとなります。

　輸出貨物として税関を通した正規の輸出の場合は，通常輸出許可書が発行されます。

　郵便の場合は，20万円以下の場合一定の事項を記載した帳簿で適用が可能ですが，20万円を超える場合輸出許可書が必要となるため，輸出許可書がなければ輸出免税の対象とならない点に注意が必要です（消基通7-2-23）。

　また，仕入れ税額控除にも，消費税を区分記載した請求書等の保存が要件となっています（消法30⑧）。

3 外国の付加価値税と本邦の消費税

Q55　中国増値税との二重課税の可能性

CHAPTER 3

> 弊社は中国子会社から役務提供を受けたため，対価を支払いましたが，当該金額に対し中国で増値税が課税されているようです。これは中国では輸出免税に該当しないのでしょうか？

結論

中国の増値税にも輸出免税の規定はありますが，日本の消費税と同様一定の要件に該当した場合のみ，増値税の輸出免税の適用があります。中国での増値税法の課税の判定は中国で行われ，日本での消費税の課税判定は日本の消費税で行われることになりますので，それぞれの税法に基づき判定されます。

ポイント

① 中国での輸出免税は，日本同様，要件に該当した場合にのみ適用があります。
② 日本の輸出免税の要件と中国の要件は，当然ながら異なります。
③ 中国の輸出免税は，ゼロ税率と免税に分かれており，ゼロ税率の場合に増値税の控除，場合によっては還付が可能となります。免税の場合は売上げに増値税が課税されないだけであり，対応する仕入増値税の控除，還付はできません。

解 説

　中国の増値税輸出免税の種類はゼロ税率と免税に分かれています。ゼロ税率が対応する仕入増値税の控除が可能ですので，ゼロ税率が日本の消費税輸出免税，免税取引は日本の消費税国外取引の概念に近いといえます。定義としては，

① 　ゼロ税率が，国際運輸サービス，国外にて外国企業に提供，消費されるサービス（オフショアアウトソーシングサービス等）等，

② 　免税取引が，国外において提供されるサービス等

とされています。

　ゆえに，上記定義に該当しない場合は，国内取引として増値税が課税されることとなります。

Column09　外国人の方がなじみやすい？（消費税法における領収書保存要件）

1．消費税法における領収書保存義務

　付加価値税は世界でも採用する国の多い税金で，日本の消費税もその一つです。ただ，その際の仕入税額控除の方式として，日本では世界では主流であるインボイス方式でなく，帳簿方式を採用しています。これは政策的に消費税導入時の利便性等に配慮したものと思われます。

2．中国及び諸外国のインボイス制度

　一方，ヨーロッパや中国など諸外国の付加価値税はインボイス方式が主流です。これは，支払の際に取得する領収書に付加価値税の額が記載されており，事業者の仕入税額控除はこの証憑と紐付きで行われるというものです。「消費税を払いました！」と記帳してしまえば控除できてしまう帳簿方式に比べ，より精度が高く，また，複数税率にも対応しやすいといわれています。

3．日本の消費税の適格領収書制度

　上記を受けて，日本の消費税でも複数税率等の導入に伴い，インボイス制度に近い適格請求書保存制度が導入されることとなりました。これで日本の制度も国際的に主流であるインボイス制度に近づくこととなりますが，一方で従来免税事業者であった小規模事業者が取引から排除されることも懸念されています。消費税額控除ができない小規模事業者との取引を敬遠される可能性があるというものです。

第4章
その他の国際取引

1 国際契約書の印紙税

Q56 国際契約に係る印紙税

CHAPTER 4

日本と外国で契約書を締結しましたが，相手国でも印紙税に相当する税金がかかるようですし，当然，わが国でもかかるようです。この場合は二重課税になるのでしょうか？

結 論

外国との契約の場合，日本の印紙税の課税は，日本国内で契約が締結された場合に課税されます。具体的には，契約書に双方のサインがそろった場所が国内か国外かにより判定します。なお，相手国でも印紙税に相当する税金がある可能性がありますので，相手国での確認も必要です。例えば，中国には印花税という日本の印紙税に相当する税金があります。相手国側の税法によってはそれぞれの国で印紙税に相当する税金が課税されるケースもあり得ます。

ポイント

① 日本の印紙税は，契約の成立場所が国内か国外かで内外判定をします。
② 契約書を郵送するような場合，双方のサインがそろった時点で契約成立と解釈します。
③ 相手国側でも印紙税に相当する税金がある場合があります。

解 説

　日本の印紙税法では，国際間の印紙税について課税対象は契約書が作成された場所が国内にある場合，日本の印紙税の課税対象とすることとされています。また，契約書の作成された場所については，契約書については双方のサインがそろった場所で判定することとされています。

　ゆえに，郵送で押印するような場合は，日本で契約書を作成押印し，国外で外国企業が押印して双方のサインが国外で揃った場合は，日本国外で作成された文書ということで日本の印紙税は課税されません。逆に国外から郵送され，日本国内で双方のサインがそろった場合は，国内で作成された文書に該当し，日本の印紙税が課税されることとなります。

　また，外国との契約ですので，相手国側でも印紙税に相当する税金が課税される可能性もありますので，確認が必要です。中国では印花税という日本の印紙税に相当する税金があり，中国国内で締結された契約に対し課税されることとなっています。相手国側の税制によってはそれぞれの国で印紙税に相当する税金が課税されるケースも考えられます。

2 日本の外国企業

Q57 日本企業が非居住者から不動産を賃借した場合の源泉徴収

CHAPTER 4

弊社は新しく社宅を借りましたが,家主は台湾在住の台湾の方とのことです。非居住者に不動産賃貸料を支払う場合,源泉徴収が必要な場合があると聞きましたが,この場合必要でしょうか？ 居住用の場合は必要ないという話も聞いたことがあるのですが,源泉徴収が必要なのでしょうか？ また,源泉徴収以外の事務手続で必要な手続はあるでしょうか？

結論

非居住者に対し,賃借料を支払う場合は支払者に源泉徴収の義務があります。これは,税法上の趣旨としては非居住者からの税金の徴収もれを防ぐためのものです。源泉徴収所得税分を控除した残額を家主に支払い,源泉徴収した所得税は翌月10日までに税務署へ納付する必要があります。納税以外のその他の手続については,年間分の支払額について翌年1月31日までに非居住者等に支払われる不動産の使用料等の支払調書を提出する必要があります。

ポイント

① 非居住者へ不動産賃貸料を支払う場合,源泉所得税20.42％を支払う必要があります。
② 賃借人が個人で,自己居住用の場合等のみ,源泉徴収は不要です。
③ 源泉徴収された所得税については,支払調書を作成する必要があります。
④ 租税条約締結国の場合,租税条約が優先適用になりますので租税条約を

確認する必要があります。

解説

　不動産賃借料を非居住者へ支払う場合，非居住者への不動産賃借料の支払として，源泉所得税を徴収，納付する必要があります。租税条約締結国の場合，租税条約が優先されますので，非居住者が台湾の居住者である場合，日台租税条約に基づきますので日台租税協定第6条で判断しますが，税率は規定されていませんので，国内法と同様，毎月の支払家賃から20.42％の源泉所得税徴収が必要となります。

　また，翌年1月31日までに非居住者等に支払われる不動産の使用料等の支払調書を税務署へ提出する必要があります。

　なお，大家である非居住者は，確定申告をする必要がありますが，その所得税が源泉徴収された金額を下回る場合には，差額について還付を受けることができます。

Column10　大家さんが非居住者の場合の源泉徴収（税金のとりっぱぐれを防ぐ優れたシステム）

1．大家さんが非居住者の場合の税務は特殊

　最近，日本への不動産投資熱の高まりに伴い，日本の不動産の所有者が外国に住んでいる，つまり大家さんが非居住者というケースも珍しくなくなっています。この場合，税務については大家さんが居住者の場合に比べて取扱いが特殊になっています。

2．賃料の20.42％を源泉徴収（確定申告で還付）

　家賃の支払についてですが，これは非居住者がオーナーの場合，家賃の20.42％の所得税を源泉徴収しなければならないこととされています。オー

ナーにとっては，経費を引いた後の利益ではなく，収入の20.42%が源泉徴収されてしまいますので，結構な額となり，非居住者オーナーが日本で確定申告をした後に還付される場合が多くなっています。日本の税務署の立場からすると，非居住者からの税金のとりっぱぐれを防ぎ，自主申告を促進する優れたシステムといえるのではないでしょうか。

3．譲渡も源泉徴収（源泉徴収しなくてよい場合は限定列挙）

譲渡の場合も譲渡対価の10.21%の源泉徴収が必要です。こちらも収入の10.21%ですので結構な額です。なお，２も３も支払者が個人で自己居住用の不動産の場合等（譲渡は対価１億円以下）のみ，源泉徴収不要となっていますが，条文は限定列挙的な書き方ですので注意が必要です。例えば，支払者が個人でも投資用として購入した場合は，源泉徴収が必要となります。

4．納税管理人の選定と租税条約の確認

非居住者に所得がある場合，非居住者に代わり日本で税務署とのやりとりをやってくれる納税管理人を選定する必要があります（通法117）。

また，2，3は日本の所得税法の取扱いですので，非居住者オーナーの居住国が日本との租税条約締結国の場合，そちらが優先されますので確認が必要です。

Column11　非居住者からの日本の税金徴収

1．英語，中国語，韓国語での案内

先日，ある地方自治体の事業税の納税通知書が，「IMPORTANT　NOTICE」と書かれた封筒に入っており，なかの説明書きが，日本語のほか，英語，中国語，韓国語で書かれているのを目にしました。外国企業や外国人が増えるなか，円滑な徴収に地方自治体の課税課も苦労している様子がうかがえました。日本の税務は国税，地方税に分かれ，税目も時期も多種多様であるため，外国人には理解しにくく，悪意がなくても申告を怠ったり，税金を滞納してしまうケースも少なくないものと思われます。

2．源泉徴収は優れたシステム

　そうしたなか，非居住者に対する源泉徴収は，給与所得者の毎月の所得税の源泉徴収とならんで，確実な税金徴収という点で，非常に優れたシステムといえるのではないでしょうか。本来の納税義務者である非居住者が納税に関してあまり意識していなくても，国内にいる源泉徴収義務者である支払者に徴収義務を課すことによって，徴税もれを効率的に防ぐことができるためです。また，その徴収額も「実際の課税所得ではなく，支払対価」をベースに徴収されているため，いわば多めに徴収されており，非居住者にとっては，「確定申告をすれば還付される」と，自主申告の促進する効果もあります。

3．地方税の弱点と伝家の宝刀

　一方，地方税は非居住者であれば所得に対する税金は基本的には非課税です（固定資産税等は課税）。また，翌年に前年分に対する課税がなされるため，納税のタイミングが1年遅れるという特徴があります。ゆえに，源泉徴収できる国税に比べ，非居住者からの徴収に苦労するという面もありますが，最終的には不動産等は差し押さえという伝家の宝刀を使うことができるため，固定資産税等は徴収もれになることはないと踏んでいるのかもしれません。実際，固定資産税の滞納による物件の差し押さえは少なくないようです。

2 日本の外国企業

Q58 日本企業が非居住者から不動産を取得した場合の源泉徴収

CHAPTER 4

弊社は日本の不動産を台湾人の所有者から購入することになりました。非居住者から不動産を取得する場合は，家賃同様源泉徴収が必要になるのでしょうか？
また，納税以外の留意点はありますか？

結 論

非居住者から不動産の譲渡対価を支払う場合，譲渡対価に対し10.21％の所得税の源泉徴収を行う必要があります。また，翌年1月には法定調書を提出する必要があります。

ポイント

① 非居住者への譲渡対価の支払は国内法では，10.21％の所得税を源泉徴収納付することとされています。
② 支払を行った者は，不動産の対価を支払った日の翌年1月31日までに，非居住者等に支払われる不動産の譲受けの対価の支払調書を税務署へ提出する必要があります。
③ 自己の居住用のための購入で，対価が1億円以下など一定の場合のみ源泉徴収が不要とされています。

解 説

　非居住者所有の日本の不動産を購入した場合には，一定の場合を除き源泉所得税10.21％を納税する必要があります（自己の居住用で対価が1億円以下の場合等を除く）。租税条約締結国の場合，租税条約が優先されますが，台湾の場合は，日台租税協定第13条には税率の記載がありませんので同じ10.21％となります。

　なお，売却した非居住者は，譲渡所得の確定申告をしますが，譲渡益に関する税金が源泉徴収された金額を下回っている場合，差額の還付を受けられることになります。また，地方税は非居住者の場合，課税されません。

索　引

【A～Z】

BEPS防止措置実施条約・・・・・・・・・・・17, 77
EIN・・・・・・・・・・・・・・・・・・・・・・・・・・14, 15
FORM SS-4・・・・・・・・・・・・・・・・・・・12, 16
PE・・・・・・・・・・・・・・・・・・・・69, 74, 76, 82
US. Employer identification number
　・・・・・・・・・・・・・・・・・・・・・・・・・・・・・・・・15
W8-BEN-E・・・・・・・・・・・・・・・・10, 14, 15

【あ行】

移転価格・・・・・・・・・・・・・・・・・・・・・・・・149
印花税・・・・・・・・・・・・・・・・・・・・・・・・・・198
印紙税・・・・・・・・・・・・・・・・・・・・・・・・・・198
受取配当等の益金不算入・・・・・・・・・・・29
エクスロー・・・・・・・・・・・・・・・・・・・・・122

【か行】

外国関係会社・・・・・・88, 92, 94, 98, 102, 107
外国居住者等所得相互免除法に関する届出
　・・・・・・・・・・・・・・・・・・・・・・・・・・・・21, 22
外国契約者税・・・・・・・・・・・・・・・・・・・・・69
外国子会社合算税制
　・・・・・・・・・・・・・・・・・87, 91, 99, 102, 106
外国税額控除
　・・・・・・・・・3, 45, 51, 54, 58, 63, 66, 69, 75
外国税額控除制度・・・・・・・3, 45, 56, 58, 67

課税事業者・・・・・・・・・・・・・・・・・・・・・・190
課税事業者選択届出書・・・・・・・・・・・・190
間接持分譲渡・・・・・・・・・・・・・・・・・・・・114
企業発展基金・・・・・・・・・・・・・・・・・・・・・26
技術先進企業・・・・・・・・・・・・・・・・・・・・147
経費課税・・・・・・・・・・・・・・・・・・・・・・・・・73
恒久的施設・・・・・・・・・・4, 6, 17, 69, 76, 82
国外所得・・・・・・・・・・・・・46, 52, 58, 62, 67
国外無形資産所得・・・・・・・・・・・・・・・・108

【さ行】

債権放棄・・・・・・・・・・・・・・・・・・・・・・・・171
債務者主義・・・・・・・・・・・・・・・・・・・・37, 38
事業所得・・・・・・・・・・・・・・・・・・・・・・・・・35
自己株式・・・・・・・・・・・・・・・・・・・・・・・・120
支店・・・・・・・・・・・・・・・・・・・・・・・・・・43, 44
従業員福利基金・・・・・・・・・・・・・・・・・・・26
受動的所得・・・・・・・・・・・・・・・87, 92, 106
譲渡所得・・・・・・・・・・・・・・・・・・・・・・・・205
使用料所得・・・・・・・・・・・・・・・・・・・・・・・35
清算・・・・・・・・・・・・・・・・・・・・・・・・・・・・171
増値税・・・・・・・・・・・・・・・・・・・・・・・・・・194
組織再編・・・・・・・・・・・・・・・・・・・・・・・・118
租税条約・・・・・・・・・・・・・・2, 7, 17, 68, 77
租税条約に関する届出書・・・・・・・・・・・21

【た行】

多数国間条約 …………………… 17, 79
タックスヘイブン ……………… 111, 112
短期滞在者免税 ………………… 21, 85
中国香港二重課税防止協定 ………… 23
駐在員事務所 …………………… 43, 44, 73
適格居住者 ……………………… 4, 8
適格税務処理 …………………… 118
特殊関係非居住者 ……………… 103
特殊税務処理 …………………… 118
特典制限条項 …………………… 4

【な行】

日印租税条約 …………………… 37
日台租税協定 …………………… 21
日中租税条約 …………………… 23, 85

納税管理人 ……………………… 202

【は行】

配当所得 ………………………… 120
非居住者 ………………………… 200, 204
部分合算課税 …………………… 91, 108
米国納税者番号 ………………… 14
ペーパーカンパニー …… 87, 94, 99, 106

【や行】

輸出免税 ………………………… 190, 192

【ら行】

来料加工 ………………………… 111, 112
利益準備金 ……………………… 26
ロイヤリティー ………………… 29, 31, 147

【参考文献】

赤松　晃『国際課税の実務と理論』（税務研究会）

大江橋法律事務所『中国法実務教本』（商事法務）

KPMG税理士法人・山田彰宏ほか共著『完全詳解　タックスヘイブン対策税制・外国子会社配当金益金不算入制度』（税務研究会）

酒井克彦『裁判例からみる法人税法（二訂版）』（大蔵財務協会）

佐和　周『海外進出企業の税務調査対策チェックリスト（第２版)』（中央経済社）

プライスウォーターハウスクーパース『中国税務総覧』（全２巻）（第一法規）

本庄　資『租税条約の理論と実務』（清文社）

西巻　茂『寄附金課税のポイントと重要事例Ｑ＆Ａ（第２版)』（税務研究会）

日本税理士会連合会『税務六法』（ぎょうせい）

牧野好孝『事例でわかる国際源泉課税』（税務研究会）

森村　元『中国子会社の清算・持分譲渡の実務』（税務経理協会）

簗瀬　正人『実例でわかる　中国進出企業の税務・法務リスク対策』（第一法規）

【財務省ホームページ】

「租税条約に関する資料」

　　https://www.mof.go.jp/tax_policy/summary/international/h07.htm

【日本国国税庁ホームページ】

「移転価格税制の適用に当たっての参考事例集」

　　https://www.nta.go.jp/law/jimu-unei/hojin/010601/pdf/bessatsu.pdf

「移転価格税制に係る文書化制度に関する改正のあらまし」

　　http://www.nta.go.jp/publication/pamph/pdf/h28iten-kakaku.pdf

「独立企業間価格を算定するために必要と認められる書類（ローカルファイル）作成に当たっての例示集」

　　https://www.nta.go.jp/publication/pamph/pdf/takokuseki_00.pdf

「移転価格ガイドブック」

　　https://www.nta.go.jp/taxes/shiraberu/kokusai/itenkakakuzeisei/index.htm

【東京主税局ホームページ】

「事業税における国外所得等の取扱いについて」

http://www.tax.metro.tokyo.jp/kazei/kokugaisyotoku.pdf

【米国内国歳入庁ホームページ】

「Instructions for Form W-8BEN-E (Rev. July 2017)」
　https://www.irs.gov/pub/irs-pdf/iw8bene.pdf

「Instructions for Form SS-4 (Rev. December 2017)」
　https://www.irs.gov/pub/irs-pdf/iss4.pdf

【ベトナム財務省】

「移転価格文書化 Circular guiding 法令英語版（Allens Linklaters）2017.4.28」

「移転価格文書化 Decree 20 regulating 法令英語版（Allens Linklaters）2017.2.24」

【日本貿易振興機構（ジェトロ）シンガポール事務所】

「シンガポール法人の清算に係る実務上のポイント」

執筆者紹介

徳山 義晃（税理士）
シニアマネージャー　税理士法人山田＆パートナーズ

　立教大学経済学部卒業後，米国系銀行入行。同銀行でトレジャリーグループ外国為替資金部で外国為替，資金及びオプションなどのデリバティブ取引の業務に従事。その後，税理士法人山田＆パートナーズに入所し，これまで国際取引，海外に子会社を有する法人及び外資系企業などに対して海外現地法人の設立・清算，事業再編及び移転価格，タックスヘイブン対策税制など広範な税務アドバイスを実施。また，国際相続・贈与に関わる様々なアドバイス，海外への投資・資金の移転に関する税務アドバイスも行っている。

門田 英紀（公認会計士・税理士）
パートナー　税理士法人山田＆パートナーズ

　2004年税理士法人山田＆パートナーズに入所。主に上場会社に対する税務顧問，移転価格対応を含む国際取引や組織再編・M＆Aに関する会計・税務コンサルティング，税務調査対応，国税照会，意見書作成業務などを行っている。

前田 章吾（公認会計士）
シニアマネージャー　税理士法人山田＆パートナーズ

　2009年9月税理士法人山田＆パートナーズ入所。同シンガポール支店を経て，2013年9月よりベトナム駐在。ベトナムに関する会計・税務・M&Aコンサルティング業務に従事する。

林 尚樹（税理士・公認会計士）
マネージャー　税理士法人山田＆パートナーズ

　立命館大学経営学部卒業後，大手監査法人に入社。同監査法人で様々な業種の上場企業の監査業務に従事。その後，税理士法人山田＆パートナーズに入所し，国内及び国外の組織再編・M＆Aコンサルティング業務や移転価格コンサルティング業務に従事。

長尾 一平（税理士）

税理士法人山田＆パートナーズ

　関西大学商学部卒業。大手ゼネコン会社に入社し財務・資金管理業務，原価管理業務に携わるも，税理士に転身。監査法人系税理士法人に入社し，国内・国際税務コンプライアンス業務に従事。その後，税理士法人山田＆パートナーズに入所し，上場企業など複数の法人の税務顧問業務，オーナー向けの事業承継業務，組織再編・M&Aコンサルティング業務，移転価格コンサルティング業務に従事。

森村 元（税理士・行政書士）

森村国際会計事務所　森村国際行政書士事務所　合同会社誠実国際経営支援研究所　代表

　2005年マイツグループ入社。

　2009年～2013年　中国大連に駐在し，総経理等歴任。

　2015年10月に森村国際会計事務所を開業。日本の税理士知識をバックグラウンドにした確かな理論の構築と，中国現地での徹底的な現場研究による実務の融合を得意としている日本人税理士。現在は日本企業のアウトバウンドビジネス，外国企業の日本へのインバウンドビジネスのサポートを日中を行き来しながら顧客企業とともに現場に入りながら行う。

【森村国際会計グループ】

　海外へ進出する日本企業，日本へ進出する外国企業のサポート，コンサルティングを行う理論派国際会計事務所，コンサルティンググループ。

http://morimurakokusaikaikei.com/

著者との契約により検印省略

平成31年4月20日 初版第1刷発行　　よくある疑問を徹底解説
Q&A海外進出・海外子会社・越境取引の税務

著　者	徳　山　義　晃	
	森　村　　　元	
発 行 者	大　坪　克　行	
印 刷 所	美研プリンティング株式会社	
製 本 所	牧製本印刷株式会社	

発 行 所　〒161-0033　東京都新宿区下落合2丁目5番13号　　株式会社　税務経理協会

振　替　00190-2-187408　　電話（03）3953-3301（編集部）
ＦＡＸ（03）3565-3391　　　　　（03）3953-3325（営業部）
URL　http://www.zeikei.co.jp/
乱丁・落丁の場合は，お取替えいたします。

ⓒ　徳山 義晃・森村 元 2019　　　　　　　　　　　Printed in Japan

本書の無断複写は著作権法上での例外を除き禁じられています。複写される場合は，そのつど事前に，（社）出版者著作権管理機構（電話03-3513-6969，FAX03-3513-6979，e-mail：info@jcopy.or.jp）の許諾を得てください。

JCOPY ＜（社）出版者著作権管理機構 委託出版物＞

ISBN978-4-419-06617-8　C3032